Peter Baacke

Chef – Bin dann mal weg!

Über die erfolgreiche Abfindung zum Zeitwohlstand

CHEF – BIN DANN MAL WEG!

Über die erfolgreiche Abfindung zum Zeitwohlstand

Peter Baacke

Bibliografische Information der Deutschen Nationalbibliothek: Die Deutsche Nationalbibliothek verzeichnet diese Publikation in der Deutschen Nationalbibliografie; detaillierte bibliografische Daten sind im Internet über http://dnb.dnb.de abrufbar.

© 2023 Peter Baacke

Herstellung und Verlag: BoD – Books on Demand, Norderstedt

ISBN: 978-3-7568-3214-9

Inhaltsverzeichnis

Der Aufbau meines Buches

Ich möchte mit diesem Nachschlagewerk zum Nach- und eventuell Umdenken anregen, wie nach einem langen Arbeitsleben der Ausstieg durch einen Aufhebungsvertrag mit Abfindungszahlung über die Phase bis zum vorzeitigen Ruhestand mit 63 Jahren gelingen kann.

Ich gehe zunächst anhand meiner eigenen Biografie auf den Wandel im Arbeitsleben innerhalb der letzten drei Jahrzehnte in einem deutschen Großunternehmen ein.

Ein Abriss über die Lebensphasen des Menschen erklärt, warum gerade im Alter ab 50 der Wunsch nach einem Neubeginn erstarkt.

Der Fokus ist auf das Thema Abfindung gerichtet, da diese die Basis für die finanzielle Absicherung bis zur Rente mit 63 darstellt.

Jeder, der sich mit dem Gedanken an einen Berufsausstieg trägt, sollte sich einen Meilensteinplan erarbeiten, um finanziell bis zur vorgezogenen Rente durchzuhalten. Hierzu gebe ich einige Tipps und Anregungen.

In allen Kapiteln beschreibe ich zunächst meine **persönlichen Erfahrungen**. Darüber hinaus gebe ich interessante **finanzielle und steuerrechtliche Hinweise**.

Beschreibungen und Hinweise werden grafisch gekennzeichnet:

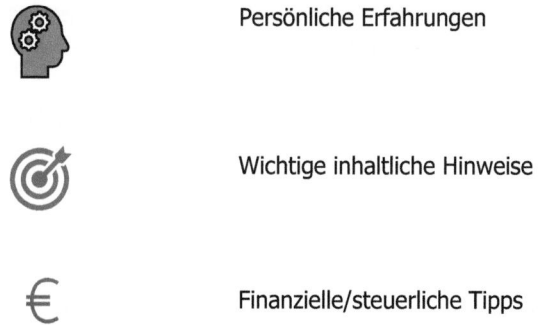

Persönliche Erfahrungen

Wichtige inhaltliche Hinweise

Finanzielle/steuerliche Tipps

Zur besseren Lesbarkeit des Textes verzichte ich auf das sogenannte "Gendern" und bevorzuge die traditionelle Schreibweise. Dieses Buch ist selbstverständlich an **alle** Geschlechtergruppen gerichtet.

Vorwort

Was bedeutet "Zeitwohlstand"?

In Wikipedia findet sich eine allgemeine Definition dieses Begriffs:[1]

"Zeitwohlstand ist ein Konzept der Wirtschafts- und Sozialwissenschaften, das mit der individuell erlebten Zeit verknüpft ist und mit dem die „eigene Zeit" als besondere Ressource hervorgehoben wird."

Die Zeit während des Arbeitslebens wird vorwiegend der Berufsausübung, der Familiengründung, dem Erwerb oder Bau einer Immobilie gewidmet, um sich eine Lebensgrundlage und ersten Luxus zu schaffen.

Ein schickes Haus, ein teures Auto, etc. werden in der Regel nicht nur für sich selbst gekauft, sondern auch für die Augen der Nachbarschaft. Das Streben nach mehr führt in eine sich selbst verstärkende Mühle nach Karriere, Geld und Ansehen.

Freizeit, Hobbys und vor allem Zeit für eigene grundlegende Bedürfnisse werden dabei oft in den Hintergrund gedrängt.

Ich malte in meiner Jugend sehr gerne Aquarelle und hatte bereits während meiner Studienzeit erste Malaufträge für Porträts. Das machte mir sehr viel Freude und entspannte mich. Mit meinem Berufseinstieg und dem Aufstieg in der Karriereleiter fand ich keinerlei Muße mehr, mich diesem kreativen Hobby zu widmen.

Im Alter von Mitte vierzig (man könnte es auch *"Midlife Crisis"* nennen!) fühlte ich mich erstmalig ausgepowert. Ich bemerkte zu dieser Zeit, dass mein "wahres" Ich zu kurz kam.

Die Frage nach dem Sinn des Lebens wird oftmals in diesem Lebensabschnitt gestellt.

Ich hatte zwar materiellen Wohlstand angehäuft, aber diesen Luxus zu genießen und Entspannung zu finden, kamen viel zu kurz.

Was mir fehlte, war einfach nur *"Zeitwohlstand"*.

Ich finde diesen Begriff, den ich erst vor ein paar Monaten im Internet aufschnappte, so zutreffend, dass ich dieses Buch verfasste.

Zeitwohlstand bedeutet jedoch nicht, einfach mehr Zeit zu haben, sondern mehr Lebensinhalt in der verfügbaren Zeit!

---

[1] Vgl. Wikipedia, Zeitwohlstand, 2023

Ich möchte aufzeigen, wie man aus der Berufs- und Karrierefalle nach einem langen Arbeitsleben aussteigen kann, um mehr das eigene Ich im Leben zu pflegen. Hierzu ist es unabdingbar, materiell und finanziell unabhängig zu werden. Die Grundlage bilden eine gute Abfindung und eine ausreichende Altersvorsorge, die vorzeitig ab 60 Jahre auszahlbar ist, um finanziell die Phase bis zur Rente zu überbrücken.

Wie das zu erreichen ist, wird in den nachfolgenden Kapiteln detailliert erläutert!

Der Wandel in der Arbeitswelt

 Als ich im Jahr 1990 nach meinem Studium den Berufseinstieg in einem Großunternehmen der deutschen Automobilindustrie wagte, war die Berufswelt für mich faszinierend. Mich begeisterten Autos seit Langem. Ich war ein Schrauber und Bastler. Als Maschinenbauingenieur fand ich Begeisterung für die Produkte und identifizierte mich schnell mit der Firma.

Ich lernte zu dieser Zeit das Arbeiten in Teams in einer größeren Büroumgebung kennen. Von Großraumbüro war damals noch keine Rede. Ich bekam Einführungsveranstaltungen, erste fachliche und vor allem persönlichkeitsbildende Weiterbildungen wie *"Teamarbeit"*, *"Konfliktmanagement"* und *"Zeitmanagement"*. Auf fairen Umgang mit Kollegen und Projektpartnern wurde in der Firma Wert gelegt.

Die Hauptkommunikationsmittel waren damals Festnetztelefon, Hauspost und ein PC je Arbeitsgruppe. Zu Veranstaltungen und Meetings mussten wir die Kollegen per Hauspost mehrere Tage oder Wochen zuvor einladen. Die Zustellung der Post dauerte bis zu zwei Tage. Eine Terminabstimmung führten wir mit den wichtigsten Teilnehmern vorab telefonisch durch. In der Zwischenzeit bestand die Möglichkeit, diesen Termin ausgiebig mit Kollegen und auch dem Chef vorzubereiten.

Die Entwicklungsprozesse im Unternehmen liefen noch überwiegend sequenziell ab, d. h. in einer Prozesskette wurde auf den fertig entwickelten Input des vorherigen Prozesspartners gewartet, um eigene Aufgabeninhalte zu erarbeiten und diese an den nächsten Prozesspartner weiterzugeben.

Mit den Jahren musste sich auch mein früherer Arbeitgeber der Globalisierung stellen.

In den 1990er-Jahren war Japan das organisatorische Vorbild. Hier entwickelten sich die Philosophien des *"Lean Management"* und der *"Lean Production"*. Lean bedeutet in diesem Zusammenhang "kurze Wege, Automatisierung und erste computerunterstützte Fertigung, die auf CAD/CAM-Daten aufbaute. Prozesse wurden verschlankt und vernetzt. Die Arbeitsweise lief zunehmend parallelisiert und synchronisiert ab. In meinem Unternehmen sprach man von *"Umgang mit unreifen Informationen"*. Das bedeutete, der nachgeschaltete Prozesspartner begann wesentlich früher mit seiner Arbeit und setzte auf Arbeitsprämissen und ersten Zwischenergebnissen des vorgeschalteten Prozesspartners auf. Hierin bestand bereits die Gefahr der Überforderung der Projektmitarbeiter in derartigen verkürzten Prozessen, da nicht mehr nur ein

Arbeitsinhalt, sondern mehrere parallel abzuarbeiten waren und der Änderungsaufwand dadurch stieg. Die Entwicklungszeit der Fahrzeugprojekte wurde zwar wesentlich verkürzt, machte allerdings die Prozesse wesentlich komplexer.

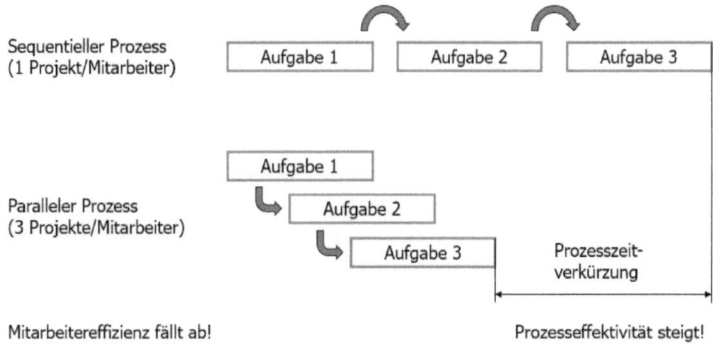

Um diese neue Arbeitsweise beherrschen zu können, wurde bei uns ein zentrales Forschungszentrum eröffnet. Das Ziel war es, die Kommunikation zu verbessern und alle an einem Projekt beteiligten Prozesspartner örtlich zusammenzubringen. Großraumbüros wurden Standard.

In der Organisationsstruktur entwickelte sich das sogenannte Y-Modell.

Auf einmal hatte ein Mitarbeiter zwei Chefs, einen disziplinarischen Vorgesetzten in der Heimatorganisation und einen fachlichen Vorgesetzten im Projekt, in welches er für die Projektlaufzeit entsandt wurde.

Auf den Projektflächen ging es zu, wie in einem Taubenschlag. Die Gesprächslautstärke nahm spürbar zu. Alle Kollegen wurden mit den Jahren sukzessive auf Handy umgerüstet, welches anfangs nur im Gebäude Empfang hatte. Die Arbeit erfolgte an Standardarbeitsplätzen. Es gab spezielle Besprechungsecken und separate Räume für größere Meetings. Mit Einführung von *"Outlook"* wurden wir im Berufsalltag zunehmend *"gläsern"*. Im Outlook Calendar eines jeden Mitarbeiters war für einen Außenstehenden sofort erkennbar, wann ein Kollege keinen Eintrag hatte. Dieses Zeitfenster wurde somit für andere reservierbar. Es erfolgte im Laufe der Jahre ein Bombardement an Termineinträgen, die man nur abweisen konnte, wenn man konsequent Termine für sich blockte.

Ein zweites Phänomen der Arbeitswelt in den 2000ern war das Kommunikationsmittel *"E-Mail"*. Hier entwickelte sich eine regelrechte *"cc-Kultur"*. Jeder wurde über alles auf cc: gesetzt und somit informiert. Wer keine Zeit hatte, all seine E-Mails zu lesen, bekam oft die Antwort: "Das habe ich dir doch geschickt!".

Der persönliche Austausch kam dadurch immer mehr in den Hintergrund! Es war sinnvoll, sich im Outlook Calendar Terminfenster freizuhalten, um die ganze E-Mail-Flut entweder zu lesen, zu filtern oder gleich zu löschen. Ich war als Führungskraft meist am Wochenende gezwungen, den ganzen E-Mail-Verkehr abzuarbeiten und die Folgewoche vorzubereiten.

In den 2010ern hatte dann jeder Büromitarbeiter ein Laptop und wurde mobiler im Berufsalltag. Die Arbeit nahm man gerne auch einmal nach Hause mit. Am Abend war immer noch eine Lücke, nachdem die Kinder im Bett waren, die eine oder andere wichtige Aufgabe von zu Hause aus zu bearbeiten. Dies war auch die Zeit der Einführung von *"Homeoffice"*.

Mitarbeiter, die lange Anfahrtswege zur Arbeit hatten, konnten in Abstimmung mit dem Betriebsrat einen Tag pro Woche zu Hause bleiben. Sie bekamen das entsprechende Equipment von der Firma gestellt (PC/Laptop, Router und eine VPN-Verbindung). Die Arbeit von zu Hause lief dann als Vertrauensarbeitszeit. Spätestens seit der Coronazeit etablierte sich dieses Arbeitsmodell bereits in fast allen Unternehmen in Deutschland fest.

Gegen Ende meiner aktiven Berufsphase wurde der Projektdruck für mich immer höher. Im Unternehmen galten die Sätze *"Stillstand ist Rückschritt"* und *"Das Unternehmen ist zum Erfolg verdammt"*. Der Globalisierung und dem internationalen Wettbewerb wurde immer mehr Rechnung getragen!

Die modernen Kommunikationsmittel waren Laptop, Diensthandy und privates Handy, um jederzeit für jeden erreichbar zu sein. So bewaffnet saßen wir Kollegen in Gremien und Technikkreisen. Einer trug vor, die anderen bearbeiteten ihre E-Mails nebenbei, ein Weiterer ging raus zum Telefonieren. Es war ein reges Kommen und Gehen und störte die Konzentration der Runde. Meine Vorgesetzten meldeten sich zwischendurch telefonisch oder per E-Mail und benötigten umgehend Rückmeldung. Generell herrschte keine Ruhe mehr in der Atmosphäre von Großraumbüros und Projektflächen, um konzentriert arbeiten zu können.

Schließlich bekam ich einen neuen jüngeren Vorgesetzten, der extern von einer Beraterfirma in das Unternehmen kam. Er legte in unserer Organisation eine Schrittzahl vor, die für mich persönlich mit über 50 Jahren nicht mehr zu stemmen war. Zehn Projekte zu 10 % gleichzeitig bearbeiten, sogar im Urlaub erreichbar bleiben, samstags im Homeoffice die Folgewoche vorbereiten, teilweise bis zu fünf Termine parallel im Kalender erhalten, ohne zu wissen, welcher Termin nun oberste Priorität hatte.

Mein Vorgesetzter war regelrecht arbeitskrank und machtbesessen. Er arbeitete auch am Wochenende und in seinem Urlaub. An seinem ersten Urlaubstag bekam ich bereits mehrere Nachrichten von ihm. Er konnte oder wollte nicht loslassen und erwartete seinen Arbeitsstil auch von uns. Als ich einmal aus meinem eigenen Urlaub zurückkam, beschwerte er sich, dass ich nicht erreichbar war.

> Die ständige Erreichbarkeit für den Chef wird in der Arbeitswelt immer mehr zum Standard!

Laut einer Umfrage von **Yougov** im Auftrag des Technologieunternehmens Slack sind Stand 2023 37 % der befragten Arbeitnehmer mit Bürojob auch im Sommerurlaub für die Chefetage erreichbar. Das sind sechs Prozentpunkte mehr als in einer Umfrage ein Jahr zuvor.

Mein Vorgesetzter zog immer mehr Aufgabenfülle an sich und verteilte diese auf uns Führungskräfte. Hierbei wurde nicht mehr hinterfragt, ob das Pensum leistbar war. Es war anscheinend eben alles gleich wichtig. *"Multitasking"* war gefordert!

Mich persönlich trieb diese Arbeitsweise zunächst in die innere Kündigung und danach in einen Burn-out, der mich dazu bewegte, mein Leben neu zu justieren. In meinem ersten Buch *"Wegweiser durch den deutschen Sozial-Dschungel: Burn-out - Chance zum Ausstieg"* gehe ich sehr detailliert auch auf das Thema **Burn-out** ein.

Das Märchen vom Multitasking

Um es vorwegzunehmen: *"Das menschliche Gehirn ist definitiv nicht multitaskingfähig!"*

Ich fand einen interessanten Artikel unter **lernen.net**, der die Thematik gut beschreibt.[2]

Der Begriff *"Multitasking"* bedeutet, dass man innerhalb eines kurzen Zeitabschnitts mehrere Aufgaben (*"Tasks"*) gleichzeitig erledigen kann. Unter einem "Task" versteht man in diesem Fall eine **komplexe Aufgabe**, die **hohe Konzentration** erfordert.

In unserer modernen Leistungsgesellschaft hat sich die Arbeitsweise etabliert, innerhalb kürzester Zeit möglichst viele Aufgaben aus einer langen To-do-Liste abzuarbeiten. Das Ziel besteht darin, produktiver und effizienter zu arbeiten.

Multitasking ist nur in der Computertechnologie umgesetzt. Hierzu muss ein Computer allerdings **mehrere Prozessoren** besitzen, um Aufgaben wirklich parallel abarbeiten zu können.

Die menschliche Fähigkeit des Multitaskings ist somit eine Illusion. Unser Gehirn ist darauf ausgelegt, Aufgaben **nacheinander** zu erledigen. Es ist in der Lage, lange eingeübte und routinierte Tätigkeiten zu parallelisieren, nicht jedoch anspruchsvolle Aufgaben, die vielleicht erst neu erlernt werden müssen.

Beispiele für Multitasking von Routinetätigkeiten:

➢ Gitarre spielen und dabei singen!

➢ Autofahren und Telefonieren (jedoch hohe Ablenkungsgefahr!)

Die Routinetätigkeiten werden dabei über das **Kleinhirn** gesteuert. Anspruchsvolle Tätigkeiten und Lernaufgaben werden über das **Großhirn** abgearbeitet.

Der Irrtum des menschlichen Multitaskings liegt darin, dass wir bei anspruchsvollen Aufgaben eigentlich *"Singletasking"* betreiben und unter Zeitdruck häufig nur von einer zur anderen Aufgabe **wechseln**. Man spricht auch vom *"Taskswitching"*.

Diese Art der Problemabarbeitung birgt gravierende Gefahren:

➢ Durch den häufigen Switch zwischen verschiedenen Aufgaben sinkt die Konzentrationsfähigkeit.

➢ Die Informationsaufnahme im Gehirn sinkt.

---

[2] Vgl. Lernen.net, Multitasking, 2023

- Die Fehlerquote in der Abarbeitung steigt.
- Permanente Ablenkung erhöht die Unfallgefahr.
- Die Stressbelastung steigt und kann zu psychischen Überlastungsproblemen wie Burn-out führen.

Die innere Kündigung

Auf der Karriereplattform **Stepstone** wird der Begriff der inneren Kündigung gut erläutert:[3]

"Die Leistungsbereitschaft und Leidenschaft im Job gehen zurück, die Unzufriedenheit steigt, Minimalroutinen am Arbeitsplatz werden etabliert. Durch die innere Kündigung rutschen viele Arbeitnehmer in einen schleichenden Rückzug auf der Arbeit."

Laut einer Gallup-Umfrage aus dem Jahr 2014 machten von 1.300 befragten Büromitarbeitern bereits 67 % nur noch Dienst nach Vorschrift. Nur etwa 16 % der Mitarbeiter trugen freiwillig die Unternehmensziele mit. 17 % der Angestellten hatten demnach bereits *"innerlich gekündigt"*![4]

Das ist ein Alarmzeichen für den Arbeitsmarkt, der aktuell zusätzlich noch unter Fachkräftemangel leidet.

---

[3] Vgl. Stepstone, So gehst du mit der inneren Kündigung um, 2018

[4] Vgl. Spiegel Wirtschaft, Jeder sechste Mitarbeiter hat keinen Bock, 2014

Das Lebensphasenmodell – Ab 50 denkt man um!

Das menschliche Leben lässt sich nach Bernhard Lievegoed (1902-1992, niederländischer Arzt und Sozialökonom, der sich insbesondere mit der Kindheitsentwicklung beschäftigte!) in Lebensphasen einteilen, die mit Ausnahme der ersten Phase in Sieben-Jahresschritten durchlaufen werden.[5]

➢ Phase 1 (0-21 Jahre): Die **rezeptive Phase**, die auf die eigentliche körperliche und geistige Entwicklung abzielt.

➢ Phase 2 (21-28 Jahre): die **Sturm- und Drang-Phase.** Hier stehen Engagement und Emotionen im Vordergrund. Erste Partnerschaften werden gebildet. Die berufliche Laufbahn wird eingeschlagen.

➢ Phase 3 (28-35 Jahre): die **organisatorische Phase.** In dieser Phase beginnt der Ernst des Lebens. Es wird die Karriere vorbereitet. Nichts ist zu schwer, alle Probleme sind lösbar.

➢ Phase 4 (35-42 Jahre): die **selbstkritische Phase.** Der Charakter reift, die Zeit der Romantik ist vorüber. Geistige Interessen entwickeln sich. Rationalität, Logik und die Karriere stehen im Vordergrund. Das ist auch die Phase von *"Meine Familie, mein Haus, mein Boot"*!

➢ Phase 5 (42-49 Jahre): Die *"Midlife Crisis"*: Die Frage nach dem Sinn des Lebens und des Berufs wird gestellt. Alles ist erreicht, was kommt noch. Gibt es noch Neues im Leben? Erkenntnis, dass das Leben endlich ist. Die eigene Sterblichkeit wird bewusst.

➢ Phase 6 (49-56 Jahre): Die **Synthese-Phase**: Entweder es wird ein neuer Weg eingeschlagen oder es entwickeln sich Verbitterung und Überdruss. Das ist auch die gefährliche Phase, in der Partner fremdgehen, um ihre Jugend zurückzubekommen. Ein Seminarleiter, dessen Veranstaltung ich einmal besuchte, beschrieb es treffend: *"Häuptling Silberlocke im Cabrio leistet sich eine Jüngere"*. Wiederum andere nehmen Warnsignale nicht ernst und erleiden einen Burn-out oder körperliche Erkrankungen wie Krebs, Schlaganfall oder Herzinfarkt.

➢ Phase 7 (56-63 Jahre): *"Weise werden"*: Der Fokus ist auf innere Werte gerichtet, Loslösen von Materiellem. Die Früchte des Lebens werden genossen. Orientierung auf das Wesentliche.

---

[5] Vgl. Fritz.tips, Lebensphasen des Menschen nach Lievegoed, 2020

➢ Phase 8 (nach 63 Jahren): Die **geistige Phase**: Zweite Jugend, Akzeptanz des Übergangs und Achtsamkeit stehen im Vordergrund.

Persönliche Anmerkungen zur Phase 6:

Das ist genau die Phase, in der über einen neuen Lebensabschnitt nachgedacht wird.

 Ich lernte Anfang der Neunzigerjahre bei einer Wanderung zu einem Stausee auf den Kanaren einmal einen Mann kennen, der nackt in einem mit Wasser gefüllten Felsbecken badete und ein Buch las. Er hatte lange verzottelte Haare und wirkte wie ein Alt-Hippie auf mich. Wir unterhielten uns und er erzählte mir, dass er einmal Geschäftsmann in Bremen war. Mit 50 beschloss er, sein Leben umzukrempeln, und zog mit seiner Frau an diesen einsamen Ort. Nach seinem Bad führte er mich in sein Höhlendorf und stellte mir seine Frau vor, die kurz zuvor hier in der Wildnis ein Baby bekam. Ihr ältestes Kind saß am Rand des Stausees und spielte Flöte. Eine sehr exotische Form des Ausstiegs, die jeder selbst für sich beurteilen sollte.

Aber gerade in diesem Alter kommen vermehrt Ausstiegsgedanken aus einem eingespielten oder vielleicht zu stressigen Leben.

 In diesem Lebensabschnitt sollte man seine bisherigen Lebensziele hinterfragen und folgende Aspekte nicht außer Acht lassen:

➢ Akzeptanz, dass Leistungsfähigkeit und Resilienz nicht mehr so hoch sind wie früher! Unter Resilienz versteht man die Widerstandsfähigkeit gegenüber Stress.

➢ Regel zur Achtsamkeit: *"Es ist, wie es ist!"*
Es gilt, Situationen, Gefühle und Gedankenmuster neutral und bewertungsfrei wahrzunehmen!

➢ Neue (körperliche und seelische) Grenzen setzen!

➢ Lernen, auch einmal *"Nein"* zu sagen, um sich von äußerem Druck zu entlasten!

Wenn das gelingt, sollte man sich folgende Leitfragen stellen:

➢ *"Muss ich mir eine Lebenssituation, die mich körperlich oder seelisch belastet, so noch weiter antun?"*

➢ *"Wie schaffe ich mir einen Weg, auf dem ich Ruhe, mehr Gelassenheit und die Gelegenheit zum Nachdenken finde?"*

- ➤ *"Wie führt mich dieser Weg raus aus dem Hamsterrad?"*
- ➤ *"Wie schaffe ich mir auf diesem Pfad finanziellen Spielraum?"*

Geistige und finanzielle Unabhängigkeit sind der Schlüssel zum Zeitwohlstand!

Möglichkeiten des beruflichen Ausstiegs

In meinem Buch beschreibe ich primär meinen persönlichen Ausstiegsweg. Das muss nicht der Königsweg für jeden sein.

Es gibt mehrere Optionen, die berufliche Belastung nach einer langen Erschöpfungsphase zumindest zu reduzieren.

Ich gehe jedoch davon aus, dass die Rente mit 63 Jahren für Aussteige-Interessierte die **bevorzugte Variante** der Altersrente darstellt.

In diesem Kapitel skizziere ich drei Möglichkeiten bis zur vorgezogenen Altersrente mit 63 Jahren.

1. Arbeit in Teilzeit

2. Altersteilzeitmodell

3. Beruflicher Komplettausstieg

Das Modell *"Arbeit in Teilzeit"*

In Deutschland besteht für Arbeitnehmer gemäß **§ 8 TzBfG** (Teilzeit- und Befristungsgesetz) unter bestimmten Voraussetzungen ein Anspruch auf Arbeit in Teilzeit.[6]

Voraussetzungen hierfür sind:

> ➢ Der Arbeitnehmer arbeitet seit mindestens **sechs Monaten** im Betrieb.

> ➢ Der Betrieb muss mindestens **15 Angestellte** haben.

> ➢ Es darf keine **betrieblichen Gründe** gegen einen Wechsel auf Teilzeit geben.

Jeder Arbeitnehmer kann einen Antrag auf Wechsel in die Teilzeitbeschäftigung **ohne Angabe von Gründen** stellen!

---

[6] Vgl. Von Rueden, Voraussetzungen und Regelungen für die Arbeit in Teilzeit, 2023

<u>Randbedingungen für den Antrag auf Teilzeit:</u>

➢ Der Antrag muss mindestens **drei Monate** vor dem Wechsel gestellt werden. Hierzu sind die Zahl der Stunden und die Arbeitszeitverteilung schriftlich mitzuteilen.

➢ Der Arbeitgeber muss dem Arbeitnehmer **begründen**, inwieweit eine Teilzeitvereinbarung möglich ist.

➢ Liegen keine **betrieblichen Verweigerungsgründe** vor, so muss der Arbeitgeber den Antrag genehmigen.

➢ Eine Ablehnung des Antrags muss **schriftlich** bis spätestens **einen Monat** vor dem Wechsel dem Arbeitnehmer zugestellt werden.

So sieht das Modell *"Arbeit in Teilzeit"* bis zur vorgezogenen Altersrente aus.

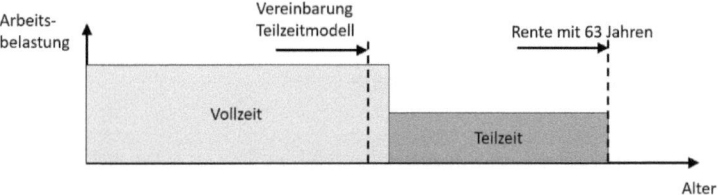

Das Modell *"Altersteilzeit"*

Was bringt **Altersteilzeit** und wie ist sie definiert? Laut Bundesministerium für Arbeit und Soziales (BMAS) soll Altersteilzeit einen **gleitenden Übergang** in die gesetzliche **Altersrente** ermöglichen.[7]

Bei der Altersteilzeit handelt es sich um eine **Teilzeitbeschäftigung**, die durch das Altersteilzeitgesetz (**AltTZG**) geregelt ist.

Es besteht kein gesetzlicher Anspruch auf Altersteilzeit. Diese muss zwischen Arbeitgeber und Arbeitnehmer **freiwillig** vereinbart werden.

---

[7] Vgl. Bundesministerium für Arbeit und Soziales, Altersteilzeit – Schrittweise in den Ruhestand, 2021

Diese Vereinbarungen können auch in Tarifverträgen oder Betriebsvereinbarungen festgeschrieben werden.

Altersteilzeit ist ab dem **55. Lebensjahr** möglich. Der Arbeitnehmer muss in diesem Fall in den letzten fünf Jahren vor Beginn der Altersteilzeit wenigstens **1.080 Kalendertage sozialversicherungspflichtig** – in Voll- oder Teilzeit – beschäftigt gewesen sein. ALG I – und ALG II-Zeiten werden mitgezählt.

Die Altersteilzeit muss **mindestens** bis zur **vorgezogenen Altersrente** mit 63 Jahren gehen. Bei der Altersteilzeit wird die bisherige **Arbeitszeit halbiert**. Der Arbeitgeber ist verpflichtet, entsprechend dem Altersteilzeitgesetz (AltTZG) das Gehalt aufzustocken und zusätzliche Beiträge zur Rentenversicherung zu leisten.

Arten von Altersteilzeitmodellen:

➢ Gleichverteilungsmodell:
Die Arbeitszeit wird über den gesamten Zeitraum der Altersteilzeit auf die Hälfte reduziert.
Beispiele:
- halbe Arbeitstage
- weniger Arbeitstage pro Woche

➢ Blockmodell:
Die Altersteilzeit wird in zwei gleich lange Phasen unterteilt.
Erste Phase: = Arbeitsphase
Zweite Phase: = Freistellungsphase oder Ruhephase

➢ Sonstiges Modell:
Die genaue Verteilung der Arbeitszeit können Arbeitgeber und Arbeitnehmer individuell vereinbaren.

Das gängigste Altersteilzeitmodell in Deutschland ist das **Blockmodell**!

Hierzu gibt es die Optionen **2/2** (= 2 Jahre Arbeitsphase und 2 Jahre Freistellungsphase), **3/3** und mitunter auch **4/4**. In dieser Zeit, in der der Arbeitnehmer praktisch nur noch halb so viel arbeitet, verdient er nicht lediglich die Hälfte seines Gehalts, sondern wesentlich mehr. Die Gehaltshöhe ist firmenabhängig oder in Tarifvereinbarungen geregelt und liegt zwischen 70 und 85 % des letzten Bruttogehalts.

Berechnungsgrundlagen für das Gehalt:

➤ Bei der Altersteilzeit wird das **Gehalt halbiert** und vom Arbeitgeber um mindestens **20 Prozent** des reduzierten Gehalts aufgestockt.

➤ Der Aufstockungsbetrag ist **steuer- und sozialabgabenfrei**, unterliegt aber dem Progressionsvorbehalt.

➤ Der Arbeitgeber muss mindestens **80 Prozent** der bisherigen Rentenversicherungsbeiträge des Arbeitnehmers zahlen.

➤ Sonderzahlungen des Arbeitgebers (Weihnachtsgeld, Urlaubsgeld und Erfolgsbeteiligungen) **können** entfallen.

Klären Sie in Ihrem Betrieb, ob an dieser Stelle Aufstockungsmöglichkeiten bei den Rentenbeiträgen angeboten werden!

So sieht das Modell *"Altersteilzeit im Blockmodell 3+3"* bis zur vorgezogenen Altersrente aus:

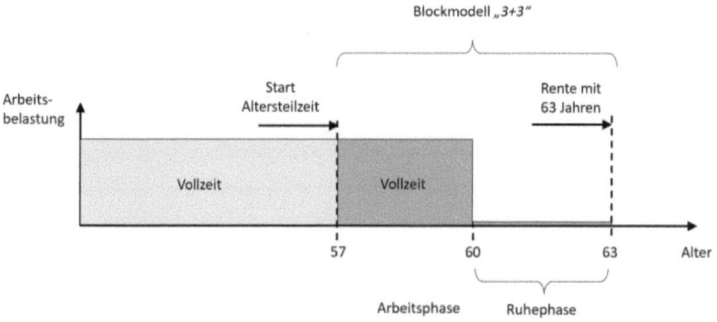

Das Modell *"Komplettausstieg"*

 Ich konzentriere mich in diesem Buch auf meinen persönlichen Weg des Komplettausstiegs und beschreibe detailliert diese Ausstiegsvariante!

Ein Komplettausstieg mit der Möglichkeit einer Abfindungszahlung könnte prinzipiell so aussehen:

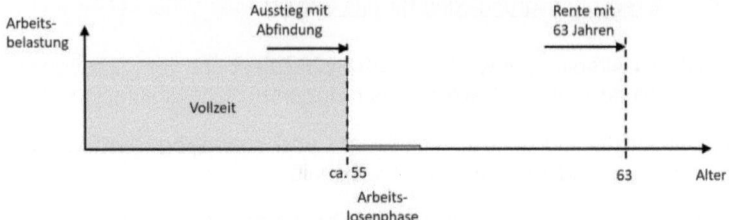

Falls auch noch **chronische Erkrankungen** (z.B. Psychische Erkrankungen nach einem Burn-out) auftreten sollten, kann das Modell um Kranken-/Rehaphasen und im Extremfall um eine Phase der Erwerbsminderungsrente erweitert werden!

Dieses Modell stellt **ausdrücklich keine** Handlungsanweisung dar, könnte aber so aussehen.

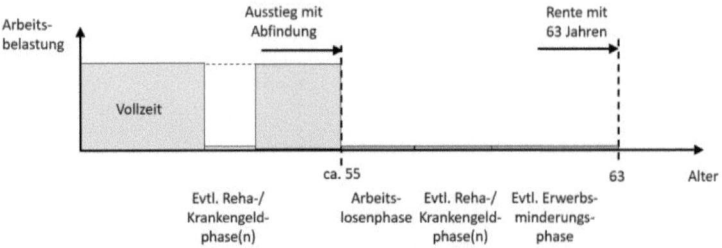

Chronisch Erkrankten empfehle ich auch mein Buch "*Wegweiser durch den deutschen Sozial-Dschungel: Burn-out - Chance zum Ausstieg*".

Hier schildere ich anhand meiner eigenen Biografie, wie ich die deutschen Versicherungsträger lange nutzen konnte.

Die Planung des beruflichen Komplettausstiegs

Zur fundierten Vorbereitung gehört zunächst ein Masterplan, der aufzeigt, welche Ressourcen benötigt werden, um das Rentenalter finanziell abgesichert zu erreichen.

Der persönliche Masterplan

Hat man sich einmal für den kompletten Berufsausstieg entschieden, dann sollte man sich einen groben Meilensteinplan in Jahresschritten erstellen, der aufzeigt, welche finanziellen Mittel zur Verfügung stehen und wie lange sie reichen sollten.

Beispiel eines Masterplans:

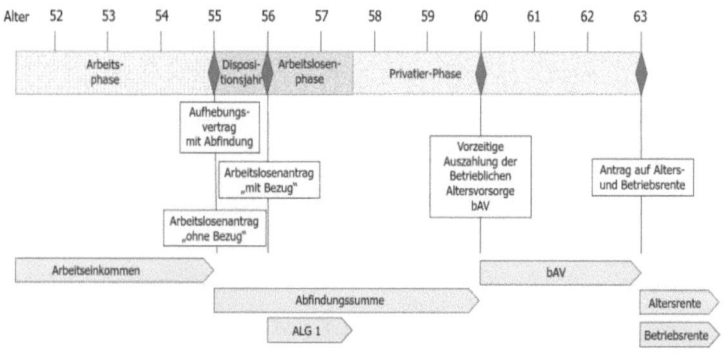

Randbedingungen:

1. Abfindungssumme + ALG1 reichen finanziell bis 60.

2. Betriebliche Altersvorsorge bAV reicht finanziell bis 63.

Nach der Erstellung des persönlichen Masterplans für den Ausstieg sollte die **erforderliche Höhe** von Abfindungssumme, Versicherungsleistungen und Auszahlungsphase von Altersvorsorgeleistungen ermittelt werden!

Welche Abfindungssumme benötige ich mindestens?

Kalkulationsansatz:

➢ Errechnen Sie Ihren Brutto-Gesamtverdienst gemäß **Altersteilzeitmodells 3/3** ab geplantem Abfindungsmonat bis zur **vorgezogenen Rente mit 63**!

➢ Ziehen Sie davon die möglichen **ALG I-Bezüge** ab (hier ist brutto = netto anzusetzen)!

➢ Ziehen Sie zusätzlich noch einen **Betrag X** ab, den Sie bei der späteren Abfindungsverhandlung verschmerzen können, um noch Ihren Masterplan einzuhalten!

Mithilfe dieser Kalkulation ergibt sich eine erste Vorstellung, die als Anhaltspunkt für eine mögliche Abfindungssumme dient.

 Relevante Fragestellungen zur Abfindungsplanung!

➢ *"Wie hoch sollte die Abfindungssumme sein, um bis zu einer vorgezogenen Rente finanziell abgesichert zu sein?"*

➢ *"Wie viel verdient Vater Staat an meiner Abfindung?"*

➢ *"Auf welchen überflüssigen Luxus kann und will ich im Alter verzichten?"*

➢ *"Mit welchen Lohnersatzleistungen und Ausgaben habe ich nach meiner aktiven Zeit bis zur Rentenphase zu rechnen?"*

➢ *"Welche Altersbezüge kann ich erreichen?"*

Ich empfehle, mit einem Kalkulationstool wie **Excel** eine **Langfristplanung** mit Einnahmen und Ausgaben mindestens bis zum vorgezogenen Renteneintritt mit 63 Jahren und über die ersten zwei Rentenjahre hinaus zu erstellen!

Klärung der Rentenansprüche mit 63

Nehmen Sie sich genug Zeit für eine gründliche Recherche für die Phase nach dem Berufsausstieg per Abfindungsvertrag!

Ich nahm vor dem Abfindungsgespräch mit dem Arbeitgeber einen Beratungstermin bei der Deutschen Rentenversicherung wahr.

Die Rentenberaterin rechnete die fiktiven Rentenansprüche für meine individuellen Optionen durch.

Ich war positiv überrascht, wie zuvorkommend und kompetent meine Gesprächspartnerin auf meine Wünsche einging. Die Berechnung erfolgte in diesem Gesprächstermin online. Ich bekam alle Berechnungsergebnisse ausgedruckt für meine persönlichen Unterlagen mit.

<u>Wir rechneten folgende Szenarien für mich durch:</u>

Rentenhöhe bis Rentenbeginn mit 63 Jahren oder mit Regelaltersrente:

➢ Fiktive Berechnung mit 80 % Höchstbeitrag im Jahr der Abfindung inklusive Arbeitslosengeld (ALG I) bis zum Rentenbeginn.

➢ Fiktive Berechnung, wenn ich weiter wie bisher bis 63 arbeiten würde.

Wichtig für den vorzeitigen Ausstieg aus dem Arbeitsleben sind die Wartezeiten. Für den Anspruch auf Altersrente müssen **mindestens 35 Jahre** zusammenkommen!

Ich war erstaunt, dass ich mit knapp 55 Jahren bereits mehr als die erforderlichen 35 Zähljahre für meine Altersrente erarbeitet hatte. Ich ging ursprünglich davon aus, dass ich nach einer Abfindung mit 55 Jahren durchaus noch mindestens drei Jahre arbeiten müsste!

Da hatte die Beratung bereits ein erstes Erfolgserlebnis!

<u>Relevante Wartezeiten (mit und ohne Beitragszahlung)</u>[8]

Zu den Wartezeiten zählen nicht nur aktive Berufsjahre, sondern auch Ausbildungs- und Ersatzzeiten:

➢ Schulausbildungszeiten ab 17. Geburtstag   *

➢ Berufsausbildungszeiten (Hochschule, Lehre, etc.)   *

➢ Zeiten, in denen sich Schulabgänger wegen der Suche nach einem Ausbildungsplatz bei der Arbeitsagentur ausbildungssuchend meldeten (von 17 bis 25 Jahren möglich!)

---

[8] Vgl. Rentenbescheid24.de, 2022

- ➤ Wehr- und Zivildienstzeiten

- ➤ Kindererziehungs- und Pflegezeiten für Familienangehörige
- ➤ Beitragszeiten aus der Berufsausübung

- ➤ Zeiten mit Lohnersatzleistungen (Krankengeld, ALG I)

- ➤ Monate aus einem Versorgungsausgleich bei Scheidung und Rentensplitting bei Ehen und Lebenspartnerschaften

- ➤ Pflichtversicherte Minijobs

> *) Von der Schul- und Berufsausbildung werden **maximal acht Jahre** als Zählzeit für die Rente angerechnet.

 ## Mögliche Rentenpunktsteigerungen nach dem Berufsausstieg

Sie sollten berücksichtigen, dass mit einer Abfindung und dem Ausstieg aus dem Arbeitsleben im Wesentlichen keine größeren Rentenpunktsteigerungen mehr aufgebaut werden können. Nach der aktiven Arbeitsphase kann man in Kranken- und Arbeitslosenzeiten allerdings weitere Rentenpunktgewinne erzielen!

Die Krankenkasse und die Arbeitsagentur mit Kranken- und Arbeitslosengeld führen schließlich auch Sozialbeiträge an die Rentenversicherung ab.

Wie sich dieser Rentenpunktgewinn auf Ihre spätere vorgezogene Altersrente auswirkt und welche Rentenhöhe brutto und netto zu erwarten ist, erfahren Sie im Kapitel *"Wichtiges zur vorgezogenen Altersrente"*!

€ Der Rentenabschlag bei vorgezogener Altersrente mit 63 Jahren

Sie sollten in Ihrer Kalkulation berücksichtigen, dass eine vorgezogene Altersrente mit 63 Jahren, wenn eine Wartezeit von 45 Jahren noch nicht erreicht wurde, mit Abschlägen belegt ist.

Die Deutsche Rentenversicherung kalkuliert, dass mit **jedem vorgezogenen Monat** bis zur **individuellen** Regelaltersrente **0,3 %** der Rentenhöhe abgezogen werden.

Es gibt auf der Seite der Deutschen Rentenversicherung einen guten **Rentenbeginn-Rechner**, der in Abhängigkeit des Geburtsdatums den frühestmöglichen Rentenbeginn bei vorzeitiger Inanspruchnahme (z. B.

mit 63 Jahren) errechnet. Es wird gleichzeitig auch der zu erwartende Rentenabschlag ermittelt![9]

Den Rechner können Sie unter folgender Adresse im Internet nutzen:

https://www.deutsche-rentenversicherung.de/SiteGlobals/Forms/RentenBeginnUndHoehenRechner/Rentenbeginn/rentenbeginnrechner_form.html

Erste Abschätzung mit dem Rentenrechner

Es gibt im Internet gute **Rentenrechner**, die Ihnen Auskunft über die künftige Nettorente unter Berücksichtigung von Renteneintritt, Krankenkassenbeiträgen und Steuerveranlagung geben können:

Online-Tool von **Finanzrechner.org** unter:

https://www.finanzrechner.org/sonstige-rechner/rentenbesteuerungsrechner/#rentenbesteuerungsrechner

Allgemeines zur Rentenhöhe

Die voraussichtliche Bruttorente wird Ihnen in der jährlichen Renteninformation mitgeteilt. Die Renteninformation enthält die Anwartschaft auf Ihre individuelle **Regelaltersrente** und den aktuellen Stand zu Ihren erworbenen **Rentenpunkten.**

Bedeutung des Rentenpunkts bei der Rentenberechnung

Jährliche Anpassung des Rentenpunktwertes

Die Deutsche Rentenversicherung passt die Rentenpunkte jährlich an die allgemeine Gehaltsentwicklung an. Der Wert eines Rentenpunkts wird jedes Jahr zum **1. Juli** neu festgesetzt. Wie sich der Wert eines Rentenpunkts verändert, bestimmt die Rentenanpassungsformel. Ein Entgeltpunkt berechnet sich aus dem Verhältnis Ihres Bruttoeinkommens zum Durchschnittseinkommen aller Versicherten.

---

[9] Vgl. Deutsche Rentenversicherung, Rentenbeginn- und Rentenhöhenrechner, 2023

Beispiel:

Ihr jährlicher Bruttoverdienst/a:	30.000 Euro
Durchschnittlicher Bruttoverdienst aller Versicherten/a:	27.000 Euro

Sie haben dann 30.000/27.000 = 1,11 Entgeltpunkte dazu erworben.

Maximaler Rentenpunktgewinn/a:

Es gibt bedingt durch die **Beitragsbemessungsgrenze** eine jährliche Beschränkung des Rentenpunktgewinns eines Versicherten auf maximal **zwei** Rentenpunkte.

Wichtig für Langzeitkranke und Arbeitslose![10]

Durch Krankengeldbezug und Arbeitslosigkeit können bei einem **durchschnittlichen** Gehalt bereits **0,8 Rentenpunkte** pro Jahr aufgebaut werden.

Entgeltpunkte für die spätere Rente:

- Ausbildung (0,75 Punkte für maximal 3 Jahre nach dem 17. Lebensjahr)
- Wehr-/Zivildienst (0,80)
- Kindererziehung (1 Punkt für 1-3 Jahre pro Kind)
- Krankheit und Arbeitslosigkeit (0,80 Punkte)

---

[10] Vgl. Calcuworld.com, 2023

Rentenpunktentwicklung (West und Ost):[11]

Jahr (ab 1.Juli)	West [Euro]	Ost [Euro]
2017	31,03	29,69
2018	32,03	30,69
2019	33,05	31,89
2020	34,19	33,23
2021	34,19	33,47
2022	36,02	35,52
2023	37,01	

Die Festlegung der Rentenpunkte für 2023 erfolgte somit zum **01.07.2023**! Seit diesem Jahr wurde der Rentenpunktwert nochmals angehoben und für **Ost und West vereinheitlicht**!

Was bedeutet das für die Rentenentwicklung nach dem beruflichen Ausstieg?

Beispiele:

- Bei einer Arbeitslosenphase von 1,5 Jahren (ab 55 Jahre) werden Sie bis zum regulären Rentenalter 1,5 * 0,8 Punkte = 1,2 Rentenpunkte dazugewinnen können. Das führt zu einem Rentenzuwachs von 1,2 * 36,02 Euro = 43,22 Euro pro Monat.

- Bei einer Arbeitslosenphase von zwei Jahren (ab 58 Jahre) sind das 1,6 Rentenpunkte bzw. 57,63 Euro pro Monat.

- Eine volle Krankenphase (78 Wochen = 1,5 Jahre) entspricht ebenfalls 1,2 Rentenpunkten bzw. 43,22 Euro pro Monat.

Mein persönlicher Rentenpunktgewinn seit der Abfindung!

Ich konnte in meiner persönlichen Situation **nach meiner Abfindung** folgenden Rentenpunktgewinn erzielen:

- Zwei Krankengeldphasen (6 Monate + 18 Monate: = 2,00 Jahre)

---

[11] Vgl. Handelsblatt, 2021

- Zwei Arbeitslosenphasen (20 Monate + 8 Monate: = 2,33 Jahre)

Gewinn: 4,33 Jahre * 0,8 Punkte =   3,46 Rentenpunkte bzw.

124,77 Euro pro Monat

Rentenabschlag bei vorzeitigem Rentenbeginn mit 63 Jahren

Bei Beantragung der **vorzeitigen Altersrente** mit 63 Jahren müssen Sie mit Abschlägen der Bruttorente rechnen!

Nach **§ 36 SGB VI** Altersrente für langjährig Versicherte gilt:

"Versicherte haben Anspruch auf Altersrente für langjährig Versicherte, wenn sie

1. *Das 67. Lebensjahr vollendet und*

2. *Die Wartezeit von 35 Jahren erfüllt haben.*

Die vorzeitige Inanspruchnahme dieser Altersrente ist nach Vollendung des 63. Lebensjahres möglich."

Die Deutsche Rentenversicherung kalkuliert, dass mit **jedem vorgezogenen Monat** bis zur Regelaltersrente **0,3 %** der Rentenhöhe abgezogen werden.

Beispiel:

Für den Geburtsjahrgang **1963** mit einer gesetzlichen Regelaltersgrenze von 66 Jahren plus 10 Monaten werden 46 Monate * 0,3 % pro Monat = **13,8 %** von der Bruttorente abgezogen!

Der große Irrtum zum Erkaufen von Wartezeit!

Haben Sie die erforderliche Wartezeit noch nicht erreicht, so können Sie durch freiwillige Einzahlungen in die Rentenversicherung diese Restzeit als Pflichtversicherter **nicht** einkaufen!

Dies ist nur in der Rentenversicherung als freiwillig Versicherter in gewissen Grenzen möglich.

Näheres erfahren Sie in einem persönlichen Beratungsgespräch bei der Deutschen Rentenversicherung!

<u>Beispiel:</u>

Eingaben:

Renteneintritt	2026
Altersrente	2.000,00
Betriebsrente	500,00
Riesterrente	50,00
Ertragsbesteuerung	Gemeinsame Veranlagung

Ergebnisse:

Renteneintritt im Jahr	2026
Besteuerungsanteil Altersrente	88 &
Versorgungsfreibetrag	11,20 %
Zuschlag zum Versorgungsbeitrag	252,00
Altersentlastungsbeitrag	11,20 %
Bruttorente bei Renteneintritt	**2.550,00**
Steuer- und Soli-Abzug	43,67
Krankenkassenbeitrag auf Altersrente	146,00
Krankenkassenbeitrag auf Betriebsrente	73,00
Pflegeversicherung	58,75
Nettorente bei Renteneintritt	**2.228,58**

 <u>Abmilderung des Abschlagseffektes durch reduzierten Besteuerungsanteil bei vorgezogener Rente!</u>[12]

Der Anteil der Besteuerung einer Rente wächst mit jedem Jahr. Seit 2005 werden Renten zu 50 % besteuert.

Seit **2020** steigt der Besteuerungsanteil jährlich um ein Prozent, bis die Rente ab **2040** schließlich zu **100 Prozent** versteuert werden muss.

Dies bedeutet, dass bei früherem Rentenbeginn auch der Besteuerungsanteil geringer ist.

---

[12] Vgl. transparent beraten, 2023

Steuerlicher Effekt am Beispiel "Renteneintritt in 2023 mit 63 Jahren und einer Regelaltersrente mit 67 Jahren":

4 Jahre (früherer Rentenbeginn) * **1 % pro Jahr** = **4 %** geringerer Besteuerungsanteil als mit 67 Jahren.

<u>Rente und Krankenkasse!</u>

Gesetzliche Rentner sind prinzipiell in einer eigenen Krankenversicherung der Rentner **KVdR** versichert.[13]

Privat krankenversicherte Rentner bleiben auch weiterhin privat krankenversichert!

Irrtümer über die abschlagsfreie Rente mit 63

Viele chronisch kranke Arbeitnehmer denken, sie müssten in ihrem Job weiter durchhalten, um als langjährig Versicherter dann mit 63 Jahren **abschlagsfrei** aus dem Arbeitsleben in Rente gehen zu können.

Sie beziehen sich dabei auf ihre langjährigen Versicherungszeiten von **45 Jahren**. Die abschlagsfreie Rente für Versicherte mit 45 Jahren Wartezeit gibt es natürlich.

---

[13] Vgl. Verbraucherzentrale, 2023

Für langjährig Versicherte gelten folgende Regelungen:[14]

Jahrgang	Altersgrenze für lang-jährig Versicherte
1952	63 Jahre
1953	63 Jahre + 2 Monate
1954	63 Jahre + 4 Monate
1955	63 Jahre + 6 Monate
1956	63 Jahre + 8 Monate
1957	63 Jahre + 10 Monate
1958	64 Jahre
1959	64 Jahre + 2 Monate
1960	64 Jahre + 4 Monate
1961	64 Jahre + 6 Monate
1962	64 Jahre + 8 Monate
1963	64 Jahre + 10 Monate
1964	65 Jahre
ab 1965	65 Jahre

Die **volle Abschlagsfreiheit** für langjährig Versicherte mit **63 Jahren** gibt es somit erst für Jahrgänge **vor 1952**!

In diesem Zusammenhang kommt es oft zu Missverständnissen, welche Wartezeiten bei der Rentenversicherung überhaupt angerechnet werden.

Regelungen zur Wartezeit:[15]

Hier liegen die größten Irrtümer! Für die Berechnung der 45 Jahre werden folgende Zeiten zusammengerechnet:

➢ Pflichtbeiträge für eine Beschäftigung oder selbstständige Tätigkeit.

---

[14] Vgl. Einfachrente, Rente mit 63: Voraussetzungen, Abschläge & Tipps, 2023

[15] Vgl. Deutsche Rentenversicherung, Altersrente nach 45 Jahren, 2023

- Beiträge für Minijobs.
- Pflichtbeiträge und Berücksichtigungszeiten für die Erziehung eines Kindes bis zum 10. Geburtstag.
- Zeiten von Wehr- und Zivildienstpflicht.
- Pflegezeiten
- Pflichtbeiträge aus Krankengeld und Arbeitslosigkeit (nicht 24 Monate vor Rentenbeginn!)
- Freiwillige Beiträge werden unter bestimmten Voraussetzungen mitgezählt!

Zur Anwartschaft zählen im Gegensatz zur regulären Altersrente folgende Zeiten ausdrücklich **nicht** dazu:

- **Ausbildungszeiten** wie Schule und Studium
- Zeiten der Arbeitslosigkeit (ALG I) in den **letzten 24 Monaten** vor Rentenbezug
- Zeiten des Bezugs von Erwerbsminderungsrente
- Zeiten aus einem Rentensplitting oder einem **Versorgungsausgleich** bei einer Scheidung

Geht die Phase einer Erwerbsminderung nahtlos bis zum Rentenantrag, so läuft die Erwerbsminderungsrente automatisch aus und wird in die Altersrente umgewandelt. Ein Gespräch mit dem Rentenberater vor Beantragung der Altersrente ist in diesem Fall zu empfehlen!

Pflichtversicherte Zeiten mit Krankengeld und Arbeitslosengeld (**vor** 24 Monaten vor Rentenbeginn!) zählen als Wartezeiten mit!

<u>Ausnahme für ALG I-Bezug ab 24 Monate vor Rente:</u>

Dem Versicherten wird gekündigt, weil die Firma in Insolvenz geht!

Was tun, wenn voraussichtlich noch Zeiten fehlen werden!

Wenn dennoch Monate zur langjährigen Versicherung fehlen, gibt es folgende Möglichkeiten, wie die Wartezeiten aufgestockt werden können:

➤ **Minijob** (sozialversichert).

➤ Pflichtversicherter Hinzuverdienst **parallel zur Zeit der Arbeitslosigkeit.** (Siehe auch Kapitel *"Sonderthema Sozialversicherungen und Nebeneinkünfte"*!)

➤ Pflichtversicherter Hinzuverdienst **parallel zur Zeit der teilweisen Erwerbsminderungsrente.** (Siehe auch Kapitel *"Sonderthema Sozialversicherungen und Nebeneinkünfte"*!)

<u>Das Kaufen von Wartezeit bei langjährig Versicherten!</u>

Im Gegensatz zu Renten bei 35 Jahren Versicherungszeit, können Wartezeiten bei langjährig Versicherten **nur erkauft** werden, wenn bereits mindestens **18 Jahre** Pflichtbeiträge vorliegen.

Wenn Sie zusätzliche freiwillige Beiträge in die Deutsche Rentenversicherung einbezahlen und **unter 18 Jahre** Pflichtbeitragszeiten vorweisen, dann erkaufen Sie in erster Linie **Rentenpunkte** und erhöhen später die **Rentenhöhe**. Aber damit wird die Wartezeit als Anwartschaft **nicht verlängert!**

Mit welchen Lohnersatzleistungen kann ich rechnen?

Mit welchen Sozialversicherungsleistungen kann ich **mindestens** rechnen, falls ich eine Abfindung nehmen sollte?

Sie können bei Erreichen der Arbeitslosigkeit ab **55 Jahren** mit **18 Monaten** Arbeitslosengeld I (ALG I) rechnen. Ab **58 Jahren** haben Sie **24 Monate** ALG I-Anspruch.[16]

Nutzen sie geeignete **ALG I-Rechner** im Internet!

---

[16] Vgl. Bundesagentur für Arbeit, Arbeitslosengeld: Anspruch, Höhe, Dauer, 2023

Die Höhe des ALG I-Anspruchs kann leicht mit dem ALG-Rechner von **steuertipps.de** (https://www.steuertipps.de/service/rechner/arbeitslosengeld-rechner) ermittelt werden!

Die Benutzerführung des Rechners ist selbsterklärend. Folgende Angaben sind relevant:

Eingaben:
Jahr
Bundesland
Steuerklasse
Kinder
Durchschnittlicher monatlicher Bruttolohn der letzten 12 Monate

Ergebnisse:
Tägliches Bemessungsentgelt
./. Lohnsteuer
./. Solidaritätszuschlag
./. SV-Pauschale (20 %)
= tägliches Nettoentgelt
x 60 % (ohne Kinder) / 67 % (mit Kindern) = tägl. Leistungssatz
X 30 Tage = Arbeitslosengeld für volle Monate

€ Das ALG I entspricht **60 % des letzten Bruttogehalts**. Sind Kinder vorhanden und befinden sich diese noch in Ausbildung, erhöht sich der Anteil auf **67 %**.

Das durchschnittliche Bruttoeinkommen zählt!

Wenn Sie sich in den letzten 12 Monaten vor dem Austritt aus dem Berufsleben (teilweise) im Krankengeld befanden, reduziert sich das durchschnittliche Bruttogehalt der letzten 12 Monate entsprechend!

Sie können auch den **ALG I-Rechner der Agentur für Arbeit** verwenden!

Die Agentur für Arbeit stellt hierfür auch einen eigenen Rechner zur Verfügung (https://www.pub.arbeitsagentur.de/start.html).

Folgende Eingaben sind hier relevant:

Eingaben:
Durchschnittlicher monatlicher Bruttolohn der letzten 12 Monate
Bundesland
Monatliche Beitragsbemessungsgrenze
Steuerklasse mit Faktor (bei Faktorisierung mit Ehepartner)
Kinder

Ergebnisse:
Tägliches Bemessungsentgelt
./. Lohnsteuer
./. Solidaritätszuschlag
./. SV-Pauschale (20 %)
= tägliches Nettoentgelt
x 60 % (ohne Kinder) / 67 % (mit Kindern) = tägl. Leistungssatz
X 30 Tage = Arbeitslosengeld für volle Monate

Je nach Rechner können geringe Abweichungen auftreten!

Nutzen Sie beide Rechner und nehmen Sie den niedrigeren Wert an, so werden Sie bei der Kalkulation der ALG I-Höhe auf der sicheren Seite liegen!

Für eine erste Abschätzung der Abfindungshöhe sollten Sie zunächst **nur mit dem ALG I** und keiner weiteren zusätzlichen Lohnersatzleistung wie beispielsweise Krankengeld rechnen!

Was würde ich stattdessen in Altersteilzeit verdienen?

Wenn Sie die Frage bejahen können, dass die vorgezogene Rente mit 63 für Sie ausreichend ist, dann sollten Sie folgende Überlegung anstellen:

Was würde ich verdienen, wenn ich ein **Altersteilzeitmodell** in meiner Firma annehmen oder in **Teilzeit** weiterarbeiten würde?

 Bei meinem damaligen Arbeitgeber war das **Blockmodell 3/3** generell sehr nachgefragt. Dies bedeutet, man unterschreibt mit **57** Jahren den Altersteilzeitvertrag und erhält ein reduziertes Gehalt. In meiner Firma waren es 85 % des letzten Bruttogehalts ohne Zusatzbestandteile wie Weihnachts-/Urlaubsgeld und Erfolgsbeteiligung.

Dieses Gehalt wird für die nächsten **sechs Jahre** bis zum vorgezogenen Renteneintritt mit **63 Jahren** weiterbezahlt. Die ersten **drei Jahre** arbeitet man noch aktiv bis 60. Es schließt sich dann eine Freizeitphase von **drei Jahren** bis zum Renteneintritt mit 63 Jahren an.

Größere Firmen bieten dazu Altersteilzeitberatungen an. Nähere Infos gibt es bei den Betriebsräten!

Mit den Randbedingungen zum Altersteilzeitmodell lässt sich das **mögliche Gesamteinkommen** über die Altersteilzeitphase bis zur vorgezogenen Altersrente mit 63 Jahren für Ihre Ruhestandsplanung errechnen!

Diesem Kapitel möchte ich besondere Aufmerksamkeit widmen, da die Abfindungssumme das Fundament für den Übergang in die vorgezogene Rentenphase darstellt. Wer hier schlecht verhandelt, läuft Gefahr, finanziell bis zur Rentenphase nicht durchzustehen.

Nach längerer Krankenphase wegen Burn-outs startete ich mit neuem Vorgesetzten und neuer Aufgabe wieder durch.

Als die erste Schonfrist vorbei war, fühlte ich, dass mich auch die neue Aufgabe schnell wieder überforderte. Ich war nicht mehr so belastbar wie zuvor. Die Hektik und die Abläufe um mich herum hatten sich nicht verändert.

Ich überlegte, ob ich mir innerhalb der Firma einen anderen ruhigeren Job suchen sollte, der mir mehr läge.

Wer allerdings glaubt, mit Mitte 50 auch in gesunder Verfassung intern noch unkompliziert wechseln zu können, der irrt. Die junge Bewerberkonkurrenz ist einfach zu groß!

Die Abfindung – der Einstieg in den Ausstieg

Nach mehrfachen erfolglosen Bewerbungsversuchen mit expliziter Unterstützung meines Vorgesetzten beschloss ich ab diesem Zeitpunkt den beruflichen Ausstieg!

"Manchmal ist es so,
Dass wir unser Leben
Komplett durchschütteln,
Verändern und neu
Ordnen müssen, damit wir
Dorthin gelangen, wo wir
Hingehören!"

(Autor unbekannt)

Ich hatte das Glück, dass in meiner Firma zu dieser Zeit Positionen der ersten Führungsebene abgebaut werden sollten. In meiner Abteilung

gab es ein Abbaupotenzial von genau einer außertariflichen Führungskraft.

Ich sprach mit meinem Chef über meinen Ausstiegswunsch und die Möglichkeit eines *"Goldenen Handschlags"*. Offiziell gab es im Unternehmen
kein Abfindungsprogramm. So bat ich meinen Vorgesetzten, bei der Per-
sonalabteilung zunächst einmal vorzufühlen. Es war schließlich in seinem
Interesse, sein Abbauziel zu erreichen.

Im Sommer hatte ich einen ersten Gesprächstermin mit dem zuständigen Personalreferenten.

Die Abfindungsplanung sollte vor so einem wichtigen Termin gut vorbereitet werden. Gehen Sie bei Ihrer Vorbereitung gründlich vor und
planen Sie mehrere Wochen dafür ein! Es lohnt sich.

Abfindungsgrundsätze

Unternehmensspezifische Abfindungsgrundsätze

Eruieren Sie in Ihrem Unternehmen, welche Abfindungssummen in den
letzten Jahren gängig waren. Es ist zwar allen Mitarbeitern grundsätzlich
verboten, über Gehälter und vor allem Abfindungen zu sprechen. Dies
ist ein ausdrücklicher Passus im späteren Abfindungsvertrag!

Allerdings hat in der Praxis immer einer einen Bekannten, der einen Bekannten hat, der so viel Abfindung in der jüngsten Vergangenheit erhielt.

Eine gute Vorgehensweise ist es, über den Betriebsrat die Gepflogen-
heiten des Unternehmens zu Abfindungen und grundsätzlichen Berech-
nungsansätzen nachzufragen.

Allgemeine Orientierungsansätze zur Abfindungshöhe

Das beste Alter für eine Abfindung liegt **um die 55 Jahre.** Danach sinkt
die Höhe der Abfindung in den Unternehmen wieder, obwohl die Be-
triebszugehörigkeitsjahre steigen.

Die Arbeitgeber kalkulieren an dieser Stelle mit **niedrigeren Berech-
nungsfaktoren und Abschlägen beim Nettogehalt!**

Die Abfindungshöhe steht und fällt letztlich mit der Notwendigkeit des
Unternehmens, gezielt einen Mitarbeiter abbauen zu wollen.

Orientierungsansätze zur Abfindungshöhe (häufig in größeren Unternehmen anzutreffen!)[17]

Bei einem Ausstiegsalter unter 55 Lebensjahren:

Abfindung = Betriebszugehörigkeit [Jahre] x Monatsgehalt x Faktor Monatsgehalt [mindestens 0,5]

Dies ist der Faktor, der auch bei Arbeitsgerichten allgemein zur Anwendung kommt. Je höher der Bedarf des Unternehmens ist, Mitarbeiter abzubauen, desto höher wird auch der Faktor Monatsgehalt sein.

Bei einem Ausstiegsalter näher am Rentenalter (über 55 Lebensjahre):

Oftmals wird diese Berechnungsmethode gerade für ältere Jahrgänge kurz vor dem Rentenalter angewendet.

Bei dieser Methode sollen prinzipiell dabei die Jahre bis zum Renteneintritt abgegolten werden!

Abfindung = Jahre bis zur Rente * Jahresgehalt * Faktor

Die einzelnen Faktoren sind unternehmensspezifisch geregelt!

➢ Netto- oder Brutto-Jahresgehalt

➢ Individuelle Gehaltsabschläge

➢ Herausrechnen der ALG I-Ansprüche (bis zu zwei Jahre).

➢ Aufschläge für Sozialversicherungsbeiträge, die bis zur Rente selbst bezahlt werden müssen.

➢ Berücksichtigung von gesetzlichen bzw. vertraglichen Kündigungsfristen.

Orientierungsansatz zur Kündigungsregelung

Mit dem Aufhebungsvertrag nutzt der Arbeitgeber die Möglichkeit, ordentliche Kündigungsfristen zu umgehen.

---

[17] Vgl. Der Privatier, 2021

Bei Arbeitnehmern mit Betriebszugehörigkeiten von über 20 Jahren können Kündigungsfristen bis zu **sieben Monate** zusammenkommen![18]

Betriebszugehörigkeit	Kündigungsfrist
bis 6 Monate (Probezeit)	2 Wochen zu jedem beliebigen Tag
ab 7 Monaten	4 Wochen bis zum 15. oder Monatsende
ab 2 Jahren	1 Monat zum Monatsende
ab 5 Jahre	2 Monate zum Monatsende
ab 8 Jahren	3 Monate zum Monatsende
ab 10 Jahren	4 Monate zum Monatsende
ab 12 Jahren	5 Monate zum Monatsende
ab 15 Jahren	6 Monate zum Monatsende
ab 20 Jahren	7 Monate zum Monatsende

Dieser Aspekt sollte dann auch in der Abfindungsverhandlung berücksichtigt werden, indem eine zusätzliche Zahlung von bis zu **sieben Gehältern** in die Abfindungshöhe mit einfließen sollte.

Weitere *"Verhandlungsmasse"*

Gesichtspunkte, die unbedingt mitverhandelt werden sollten:

➢ Entfall Dienstwagen und weiterer finanzieller Privilegien.

➢ Entfall von Zusatzleistungen (Erfolgsbeteiligung, Weihnachts- und Urlaubsgeldzahlungen bis zur Auszahlung der Abfindung, Erfolgsbeteiligungen werden nachjährig ausbezahlt, also nach der Austrittsphase!).

➢ Entfall des Arbeitgeberanteils für die Sozialversicherungsbeiträge (KV, AV, RV) bis zur Rente.

➢ Freistellungszeiträume, die vergütet werden sollen.

---

[18] Vgl. ANWALT.DE, Kündigungsfristen und die Bedeutung der Betriebszugehörigkeit, 2023

Schließlich sollten Sie in diesem letzten wichtigen Gespräch ihres Berufslebens so vorgehen, wie es Gewerkschaften heute auch tun:

"Hart verhandeln!"

Eine **faire Abfindungsverhandlung** sollte nicht mit einem einzigen Gesprächstermin erledigt sein! Lassen Sie sich nicht mit einem Ad-hoc-Angebot abspeisen!

Ich möchte an dieser Stelle erwähnen, dass sich meine Abfindungsverhandlung etwa **zwei Monate** von Anfang August bis Anfang Oktober hinzog.

 In meinem Erstgespräch mit dem Personalreferenten, der durch meinen Vorgesetzten über meinen Ausstiegswunsch vorinformiert war, kam zunächst die Frage auf, welche Abfindungssumme ich mir vorstellte. Ich ging nach guter Vorbereitung mit meiner vorkalkulierten Summe in *"den Ring"*. Diesen Betrag würde ich benötigen, um mir meinen Lebensabend noch leisten zu können. Mein Gegenüber war über meine Vorstellung zunächst erstaunt und meinte, dies wäre ein sehr stolzer Betrag. Ich nahm allerdings wahr, dass er weiter gesprächsbereit blieb. Da merkte ich, dass ich bereits einen ersten Teilsieg errungen hatte. Beim Personalreferenten standen die Unternehmensziele, nämlich der schnelle Mitarbeiterabbau, sicherlich im Vordergrund. Wir vertagten das Gespräch, und er nahm meinen Abfindungswunsch für personalinterne Beratungen mit. Nach zwei Wochen trafen wir uns wieder! In diesem Termin kam mein Personalreferent mit seinem Abfindungsangebot heraus. Es lag etwa 25 % unter meiner Vorstellung. Er erläuterte mir, wie er zu dieser Summe kam.

Die Abfindung setzte sich aus zwei Teilen zusammen:

Teil 1:   Unternehmenszugehörigkeit in Jahren x firmenspezifischer Gehaltsfaktor

Teil 2:   Allgemeiner Teil, bestehend aus sieben Gehältern wegen der gesetzlichen Kündigungsfrist für langjährige Mitarbeiter.

Wir verhandelten um die entgangenen Zusatzleistungen wie Weihnachts- und Urlaubsgeld, Erfolgsbeteiligung und Dienstwagenprivilegien, die im Automotive-Bereich durchaus hoch sein können. Schließlich vertagten wir unsere Runde noch einmal, da sich mein Personalkollege über die Verhandlungspunkte erneut intern besprechen musste.

Im Folgetermin näherten wir uns weiter an. Er ging in dieser Runde mit seinem Angebot ca. 10 % hoch. Ich kam ihm entgegen, indem ich ihm darlegte, dass ich nach erneuter Kalkulation auch mit etwas weniger Abfindung auskommen würde. Ich beharrte jedoch darauf, dass ich eine Mindestsumme benötigte, von der ich nicht mehr abweichen könne. Sonst würde eine Abfindung für mich definitiv **keinen Sinn** mehr machen.

"Gewerkschaften gehen üblicherweise in den Streik!"

In diesem Gespräch baute ich etwas Druck auf, indem ich ihm erzählte, dass ich sogar mithilfe meines Chefs vergeblich versuchte, einen neuen Job intern zu finden, und bereits sechs interne Absagen erhielt. Ich sei somit intern nicht mehr vermittelbar. Ich machte dem Referenten klar, dass ich aufgrund meiner langen Krankengeschichte nicht garantieren könne, künftig nicht weiter krankheitsbedingt auszufallen. Aus meiner heutigen Sicht wirkte auch der Satz, dass die Firma für mich in meiner Gehaltsstufe zwei junge unverbrauchte Ingenieure einstellen könnte. Und darum ging es letztlich auch bei dieser Abfindungsrunde!

Im finalen Gespräch waren wir uns prinzipiell einig. Ich konnte noch eine Feinjustierung beim Austrittsdatum vornehmen. Er bot mir an, dass wir meinen Ausstieg auf Ende Oktober legen würden. Ich legte dar, dies sei für mich zu kurzfristig. Ich hätte noch ein wichtiges Projekt zu Ende zu bringen.

So erreichte ich, dass mein Ausstieg vertraglich erst **Ende November** erfolgen sollte. Durch diesen Schachzug erhielt ich noch ein weiteres Monatsgehalt und das anstehende Weihnachtsgeld in voller Höhe.

"Tarifverhandlung geglückt!"

Letztlich trafen wir uns mit diesem Verhandlungsergebnis ziemlich genau in der Mitte zwischen meiner Erstforderung und seinem Erstangebot. Ich war glücklich, das Personalreferat hatte seine Ziele erreicht und mein Chef war zufrieden, seine Planstelle abgeben zu können.

Was sollte im Aufhebungsvertrag stehen?

Der Aufhebungsvertrag ist die unverzichtbare Grundlage für die nächsten Stationen ins Privatleben!

Das sollte vertraglich vereinbart werden!

Im Aufhebungsvertrag sollten folgende Inhalte neben der eigentlichen Abfindungssumme zwingend geregelt sein:

1. Die Aufhebung des Arbeitsverhältnisses erfolgt in beiderseitigem Einvernehmen aus **Gesundheitsgründen**. Dieser Satz verhindert eine spätere Sperrfrist beim Arbeitslosengeld, falls kein Dispositionsjahr geplant ist! (Siehe auch Kapitel *"Das Dispositionsjahr"*!)

2. Versuchen Sie bereits in der Abfindungsverhandlung, das **Austrittsdatum** aus dem Unternehmen möglichst zum Ende des Jahres zu erwirken.

3. Die Auszahlung der **Abfindungssumme** sollte möglichst in das Folgejahr gelegt werden, in dem möglichst keine weiteren Einkünfte erzielt werden sollten. (Dies hat steuerliche Gründe, auf die ich später noch eingehen werde!)

4. Die Versteuerung der Abfindung sollte von der Firma nach der **Fünftel-Regelung** erfolgen.

€ Einzahlung einer Teilsumme in die betriebliche Altersvorsorge bAV:

Ein **Teil der Abfindung** kann in ein firmeninternes **Altersvorsorgeprogramm** einfließen. Das ist zumindest überlegenswert!

Die Summe wird dann von der Abfindung abgezogen. Die Restabfindung wird nach Fünftel-Regelung versteuert!

Hier bieten die Firmen individuelle Möglichkeiten für ihre Mitarbeiter an. Auf diesen Anteil der Abfindung erfolgt erst eine nachgelagerte Besteuerung bei Auszahlung im Rentenalter mit wesentlich niedrigerem Steuersatz.

Ob sich das rechnet, wird in Kapitel *"Tipps zur vorgezogenen Auszahlung der Altersvorsorge"* beschrieben.

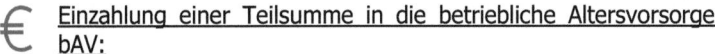

Es ist unbedingt darauf zu achten, dass der **Abfluss eines Teils** der Abfindung **separat vertraglich** geregelt wird!

Das hängt damit zusammen, dass für die steuerliche Fünftel-Regelung die Abfindung als **Einmalzahlung** erfolgt. Eine Aufsplittung der Summe würde eventuell zu Problemen mit dem Finanzamt führen.

Vater Staat greift ordentlich zu!

Sie sollten sich von einer hohen Abfindungssumme zunächst nicht blenden lassen. Der Fiskus greift hier enorm zu. Bei hohen Einmalzahlungen würden exorbitante Steuersätze die Abfindungssumme schmälern.

Das deutsche Steuerrecht bietet allerdings folgende Regelung an:

Die Fünftel-Regelung [19]

Hierbei wird die Einmalzahlung steuerlich **auf fünf Jahre verteilt**. Es wird dann der Steuersatz eines Fünftels der Summe ermittelt und dann auf die gesamte Einmalzahlung angewendet. Somit reduziert sich der Gesamtsteuersatz für die Einmalzahlung deutlich. Die Fünftel-Regelung sollte bereits durch die Firma bei der Auszahlung in der Gehaltsabrechnung berücksichtigt werden. Sicherheitshalber ist diese Regel im Abfindungsvertrag explizit zu vereinbaren.

Für die Kalkulation der Nettoabfindung gibt es im Internet gute Abfindungsrechner (Brutto-Nettorechner für Einmalzahlungen!) bei **smart-rechner.de**

(Online: https://www.smart-rechner.de/abfindung/rechner.php).

---

[19] Vgl. Vereinigte Lohnsteuerhilfe e. V., 2023

Beispielrechnung 1: Abfindungssumme **200.000 Euro**

Eingaben:

Steuerjahr:	2022
Abfindung	200.000,00
Jahresbrutto:	0
Lohnersatzleistung:	0
Kirchensteuer:	Ja
Ehegattensplitting:	ja

Ergebnisse:

Abfindung:	200.000,00
- Steuer	46.813,33
Netto-Abfindung	153.186,67
Jahresbrutto:	0
- Steuer	0
= Jahresnetto	0
Brutto gesamt	200.000,00
- Steuer	46.813,33
Netto Gesamt:	**153.186,67**

Beispielrechnung 2: Abfindungssumme **200.000 Euro** mit Lohnersatzleistung von **10.000 Euro** und unterjährigem Gehalt von **10.000 Euro**

Eingaben:

Steuerjahr:	2022
Abfindung	200.000,00
Jahresbrutto:	10.000,00
Lohnersatzleistung:	10.000,00
Kirchensteuer:	Ja
Ehegattensplitting:	ja

Ergebnisse:

Abfindung:	200.000,00
- Steuer	69.558,75
Netto-Abfindung	130.441,25
Jahresbrutto:	10.000,00
- Steuer	1.224,01
= Jahresnetto	8.775,99
Brutto gesamt	220.000,00
- Steuer	70.782,76
Netto Gesamt:	**149.217**

An diesem Beispiel wird deutlich, wie es sich steuerlich auswirkt, wenn neben der eigentlichen Abfindung noch weitere Einkommensarten wie Krankengeld, ALG I oder Gehalt in einem Steuerjahr hinzukommen. In diesem Fall steigt der Steuersatz so stark an, dass sich die Zusatzeinkünfte *"in Luft auflösen"* können!

 ### Reduktionsmöglichkeiten der steuerlichen Abfindungssumme

Wie bereits erwähnt macht es Sinn, die Abfindungssumme steuerlich zu **reduzieren**. Auch eine Fünftel-Regelung führt noch zu hohen Steuersätzen.

Option 1 *"Betriebliche Altersvorsorge bAV"*

Vereinbaren sie mit Ihrer Firma, dass ein Teil der Abfindungssumme in die **betriebliche Altersvorsorge bAV** einfließen soll. Der gewünschte Betrag wird von der Abfindungssumme abgezogen. Dieser Vorsorgebeitrag **reduziert die Abfindungshöhe** und wird später bei Eintritt in das Rentenalter ausbezahlt. Die Versteuerung erfolgt dann nachgelagert und in der Regel mit dem niedrigeren Satz eines Rentners.

Es ist eine Kosten-Nutzen-Rechnung, ob sich eine Einzahlung eines Teils der Abfindung in die bAV rechnet. Nähere Informationen habe ich im Kapitel *"Vorgezogene Auszahlung der betrieblichen Altersvorsorge"* beschrieben.

Eine weitere Möglichkeit, die Steuerlast im Abfindungsjahr zu reduzieren, besteht darin, **Werbungskosten** zu erzeugen.

Option 2 *"Vorauszahlung von Krankenkassenbeiträgen"*

Es bietet sich an, künftig **Krankenkassenbeiträge im Voraus** zu bezahlen.

Nach **§ 10 Abs. 1 Nr. 3 Satz 5 EstG** können Vorauszahlungen von **privaten** oder **freiwillig gesetzlichen** Krankenversicherungsbeiträgen inkl. Pflegeversicherung als **Sonderausgaben** steuerlich geltend gemacht werden.

*"Beiträge, die für nach Ablauf des Veranlagungszeitraums beginnende Beitragsjahre geleistet werden und in der Summe das **Dreifache** der auf den Veranlagungszeitraum entfallenden Beiträge überschreiten, sind in dem Veranlagungszeitraum anzusetzen, für den sie geleistet wurden."*

Somit können die Beiträge im **aktuellen Steuerjahr + 3 weitere Jahresbeiträge** abgesetzt werden.

Diese Regelung ist leider für gesetzlich **Pflichtversicherte** nicht möglich!

Option 3 *"Freiwillige Beiträge in die Deutsche Rentenversicherung"*

Oftmals wird diskutiert, ob das *"Erkaufen von Rentenpunkten"* bei der Deutschen Rentenversicherung ein sinnvolles Investment sei. Da gibt es sicherlich profitablere Anlageformen.[20]

Es ist aus **steuerlichen Erwägungen** durchaus überlegenswert. Denn die **Einzahlungen von freiwilligen Beiträgen** können hohe Abfindungssummen und somit den Steuersatz spürbar reduzieren.

Ab 2023 können **Altersvorsorgeaufwendungen** zu **100 Prozent** steuerlich abgesetzt werden. Dazu zählen auch freiwillige Beiträge in die Rentenversicherung!

Die Einzahlung von freiwilligen Beiträgen lohnt sich nur, wenn die Beitragsbemessungsgrenze der Rentenversicherung durch das Einkommen **noch nicht** erreicht wurde.

Die Beitragsbemessungsgrenze liegt in 2023 bei **7.300 Euro** (alte Bundesländer) und **7.100 Euro** (neue Bundesländer).

Ist diese Einkommensgrenze voraussichtlich dauerhaft überschritten worden, lohnt sich eventuell Option 4.

Option 4 *"Einzahlen in die Rürup-Rente"*

Die Altersvorsorge über eine **Rürup-Versicherung** ist für **Selbstständige, Beamte** und **Gutverdiener**, die über der Beitragsbemessungsgrenze der Deutschen Rentenversicherung liegen, gedacht.

Sie ist eine **private** Altersvorsorge ohne gesetzliche Förderung, um ein finanzielles Polster für **später** aufzubauen und hohe Steuererleichterungen **jetzt** zu erhalten.

---

[20] Vgl. Finanztip, Rentenpunkte kaufen, 2023

Auf der Seite von **Finanzen.de** gibt es Angebote für private Versicherungen und einen Rürup-Rentenrechner, der die Steuervorteile und die spätere Rentenhöhe abschätzen kann![21]

 Steuerliche Änderungen seit 2023:

Die Beiträge zur gesetzlichen Rentenversicherung und zur Rürup-Versicherung können als **Sonderausgaben für Altersvorsorgeaufwendungen** steuerlich abgesetzt werden. Diese sind **ab 2023** bis zur steuerlichen Höchstgrenze zu **100 Prozent** absetzbar.

Die steuerliche **Höchstgrenze** von Sonderausgaben für 2023 liegt bei:[22]

- Ledigen: 26.528 Euro
- Verheirateten: 53.036 Euro

 Keine Sozialabgaben bei Abfindungen!

Da es sich bei einer Abfindung um eine einmalige **Entschädigungsleistung** für den **aufgegebenen Arbeitsplatz** handelt, müssen somit auch keine Sozialabgaben, sondern *"nur"* Steuern gezahlt werden.

Der optimale Auszahlungszeitpunkt der Abfindung

 Der Auszahlungstermin der Abfindung sollte idealerweise **nach der gesetzlichen Kündigungsfrist** (wegen möglicher Ruhe- und Sperrzeiten!) und im **Folgejahr** (wegen der Steuer!) der Aufhebung liegen!

---

[21] Vgl. Finanzen.de, Rürup-Rente, 2023

[22] Vgl. WISO Steuer, Altersvorsorgeaufwendungen von der Steuer absetzen, 2023

Die Zeit nach dem Firmenaustritt

Wichtiges für die Zeit unmittelbar danach!

 Sie sind angehalten, bei Kenntnis einer bevorstehenden Erwerbslosigkeit die für Sie zuständige Arbeitsagentur **unverzüglich** zu informieren!

Ich meldete mich deshalb unmittelbar vor dem offiziellen Austrittsdatum gemäß Aufhebungsvertrag bei meiner deutschen Arbeitsagentur arbeitslos, da ich **noch** in Deutschland meinen Wohnsitz hatte.

Der erste Schritt ist die Arbeitslosmeldung. Hier sind sogenannte Ruhe- und Sperrzeiten zu beachten.

Ruhe- und Sperrzeiten beim Arbeitslosengeld[23]

Bei Nichteinhaltung der Kündigungsfrist entsteht beim Arbeitslosengeld eine **Ruhezeit**, in der zwar die Dauer des Arbeitslosenbezugs nicht gekürzt, aber um die Kündigungsfrist nach hinten verschoben wird.

Die Krankenkasse kann ab dem Auszahlungstermin der Abfindungssumme bis Ende der Kündigungsfrist höhere Krankenkassenbeiträge verlangen, da man sich jetzt freiwillig versichern muss!

Sperrzeit:

Eine Sperrzeit beim Arbeitslosengeld kann entstehen, wenn man aus eigenem Antrieb bei seiner Firma kündigt. Hier kann seitens der Arbeitsagentur eine Sperrzeit von **bis zu 12 Wochen** verhängt werden. Diese Sperrzeit verschiebt und verkürzt die Bezugsdauer von ALG I um 12 Wochen. Eine Sperrzeit kann vermieden werden, wenn im Aufhebungsvertrag steht, dass in beiderseitigem Einvernehmen aus gesundheitlichen Gründen das Arbeitsverhältnis beendet wurde.

Ruhezeit:

Ruhezeit kommt immer bei Aufhebungsverträgen mit Abfindung ins Spiel. Ruhezeit bei der Arbeitsagentur entsteht, wenn der Auszahlungstermin der Abfindung noch vor dem Tag erfolgt, an dem das Arbeitsverhältnis mit ordentlicher Kündigung regulär geendet hätte. Die Ruhezeit

---

[23] Vgl. Petermann, 2021

kann maximal **ein Jahr** (= Dispositionsjahr) betragen. Im Gegensatz zur Sperrzeit wird dabei nur der Bezug des ALG I um die Ruhezeit nach hinten verschoben. Eine Kürzung der Bezugsdauer erfolgt nicht. Näheres finden Sie hierzu in Kapitel *"Das Dispositionsjahr"*!

Auswirkung einer Ruhezeit:

Wenn der Bezug von ALG I nach hinten verschoben wird, entsteht somit eine zeitliche Lücke, in der kein ALG I fließt. Da die Arbeitsagentur mit Zahlung des ALG I auch Beiträge zur Sozial- und Krankenversicherung abführt, ist der gesetzlich Versicherte gezwungen, sich während der Ruhezeit freiwillig zu versichern.

Um Ruhe- und Sperrzeiten bei der Arbeitsagentur zu vermeiden, ist das sogenannte Dispositionsjahr das Mittel der Wahl (siehe auch Kapitel *"Das Dispositionsjahr"*).

 Ruhezeiten im Hinblick auf die Krankenkasse lassen sich umgehen!

Verheiratete sollten sich bis zum Bezug von Arbeitslosengeld in der Familienversicherung bei Ihrem Ehepartner anmelden! Nutzen Sie auch die steuermindernde Maßnahme aus, indem Sie Krankenversicherungs-beiträge im Voraus leisten (siehe auch Reduktionsmöglichkeiten der Steuerlast!) und somit weiter krankenversichert bleiben!

Das Dispositionsjahr

 Meine Arbeitslosmeldung *"ohne Bezug"*. Das bedeutet, dass ich mich nach der Arbeitslosenmeldung sofort wieder beim ALG I abmeldete, indem ich das sogenannte *"Dispositionsjahr"* beantragte. Quasi ein *"Sabbatical"* von der Arbeitslosenphase! Meine Arbeitslosenzeit ruhte und verschob sich während des Dispositionsjahres um maximal 12 Monate nach hinten. Somit wurde ich auch nicht auf dem Arbeitsmarkt vermittelt.

Das Dispositionsjahr darf nur maximal **12 Monate** dauern![24]

---

[24] Vgl. Der Privatier, Kap. 9-5, 2022

Das hängt damit zusammen, dass die Berechnung von ALG I auf die letzten **30 Monate** rückwirkend betrachtet wird. Dabei wird eine Pause von nur **12 Monaten** akzeptiert!

Um Anspruch auf Arbeitslosengeld zu haben, müssen Sie die sogenannte Anwartschaftszeit erfüllen. Das ist der Fall, wenn Sie in den 30 Monaten vor der Arbeitslosmeldung in der Arbeitslosen-versicherung **mindestens 12 Monate** pflicht- oder freiwillig versichert waren.

In der Regel werden versicherungspflichtige Zeiten in Beschäftigungsverhältnissen zurückgelegt. Zur Berechnung, ob die Anwartschaftszeit erfüllt ist, werden alle versicherungspflichtigen Zeiten innerhalb des 30-Monate-Zeitraumes zusammengerechnet. Dabei werden auch Lohnersatzleistungen wie **Krankengeld** und **Übergangsgeld** berücksichtigt!

Vorzüge des Dispositionsjahres

Im vorigen Kapitel erläuterte ich Ihnen bereits, was es steuerlich bedeutet, wenn innerhalb eines Steuerjahres neben der Abfindungssumme zusätzliche Lohnersatzleistungen anfallen.

Genau aus diesem Grund beantragte ich bei der Arbeitsagentur das Dispositionsjahr. Hier kann der Bezug von Arbeitslosengeld maximal um ein Jahr nach hinten verschoben werden.

Wichtig ist hier die **taggenaue** Einhaltung der 12-Monatsfrist, sonst kann der Anspruch auf ALG I versagt werden!

Beispiel:

Wird der Austritt aus der Firma im Aufhebungsvertrag auf den 31.12. vereinbart, so melden Sie sich zum 01.01. des Folgejahres arbeitslos *"ohne Bezug"* und vereinbaren das Dispositionsjahr bis spätestens zum 01.01. des Nachfolgejahres, ohne Ansprüche auf die volle Arbeitslosenzeit zu verlieren.

Das Dispositionsjahr hat für Sie genau zwei Vorteile!

1. Vermeidung von Ruhe- und Sperrzeiten bei ALG I:

   Wird die gesetzliche Kündigungsfrist mit der Aufhebung somit nicht eingehalten, berücksichtigt die Arbeitsagentur diese in Form einer Ruhezeit, die von der Bezugsdauer des ALG I abgezogen wird.

Mit dem Aufhebungsvertrag soll die gesetzliche Kündigungsfrist durch Zahlung von zusätzlichen Monatsgehältern abgegolten werden.

2. Steuerlicher Vorteil:

Die Auszahlung von ALG I erfolgt immer rückwirkend und somit erst zu Beginn des Folgemonats. Der erste ALG I-Bezug nach dem Dispositionsjahr fällt idealerweise in das Steuerjahr **nach** der Abfindungszahlung, wenn im Aufhebungsvertrag ein Austrittstermin gegen Jahresende (idealerweise der 31.12.) vereinbart wurde!

 ### Das Problem der Krankenkassenbeiträge nach dem Firmenaustritt

Im Jahr der Abfindungszahlung leben Sie also zunächst von Ihrer Abfindung. Das sollten Sie in Ihrer Finanzplanung entsprechend einkalkulieren! Berücksichtigen Sie auch, dass Sie im Dispositionsjahr bis zum ALG I-Bezug Krankenkassenbeiträge aus eigener Tasche bezahlen, da Sie sich freiwillig versichern müssen.

 ### Arbeitslosmeldung nach dem Dispositionsjahr

Die Arbeitslosmeldung *"mit Bezug"* sollten Sie bei Ihrer zuständigen Arbeitsagentur **spätestens drei Monate** vor Ablauf des Dispositionsjahres durchführen, um der Agentur entsprechenden Vorlauf zu geben, Ihren Antrag zu bearbeiten!

 ### Krankenversicherung während der Arbeitslosigkeit

Mit dem Antrag auf ALG I werden Sie als gesetzlich Versicherter nach einer Wunsch-Krankenkasse gefragt, für die die Arbeitsagentur die Krankenkassenbeiträge während der Arbeitslosigkeit abführt. Man wechselt also von der freiwilligen gesetzlichen oder Familienversicherung wieder in eine eigene Pflichtversicherung. Der Vorteil für Sie liegt nun darin, dass Sie während der Arbeitslosenphase wieder krankengeldberechtigt sind und die Krankenkassenbeiträge von der Arbeitsagentur bezahlt werden!

Die Arbeitslosenphase

 Meine Erfahrungen mit der Arbeitsagentur waren rückblickend positiv. Die Beantragung klappte schließlich gut.

Die Arbeitsagentur ist heute besser als ihr Ruf!

Die Arbeitsagentur ist heute besser als ihr Ruf. Die Homepage ist übersichtlich und auf der Höhe der Zeit. Die Kommunikation mit meiner zuständigen Sachbearbeiterin lief gerade während der Coronazeit überwiegend elektronisch über die Seite der Agentur. Auch der Bewerbungsprozess läuft online. Lebenslauf, Zeugnisse, Anschreiben sind im persönlichen Profil des Arbeitssuchenden abgelegt. So können alle Bewerbungen komfortabel über die Seite der Arbeitsagentur abgeschickt und dokumentiert werden. Die Rückmeldung von Firmen läuft ebenfalls online über die Homepage. Alle ALG I-Zahlungen waren stets pünktlich zu Beginn des Folgemonats auf dem Konto.

Dauer und Höhe des ALG I-Bezugs

Das Arbeitslosengeld ist kein Almosen, das sozial Benachteiligten zusteht. Es ist eine Versicherungsleistung, auf die jeder Berechtigte Anspruch nach einem Jobverlust hat.

Natürlich ist es ein wenig befremdlich, in der Warteschlange an der Rezeption der Agentur für Arbeit zu stehen. Hier melden sich sowohl Interessenten der Arbeitsagentur (ALG I) als auch des Jobcenters (ALG II) an. Ich darf Ihnen versichern, das Gespräch mit einem kompetenten Sachbearbeiter der Arbeitsagentur läuft aus eigener Erfahrung besser als man erwartet.

Die ALG I-Dauer

Sie können bei Erreichen der Arbeitslosigkeit ab **55 Jahren** mit **18 Monaten ALG I** rechnen. Ab **58 Jahren** haben Sie **24 Monate** ALG I-Anspruch.

Tabelle zur Anspruchsdauer auf ALG I:[25]

Dauer der versicherungs-pflichtigen Tätigkeit [Monate]	Vollendetes Lebensjahr	Anspruchsdauer auf ALGI [Monate]
12		6
16		8
20		10
24		12
30	50	15
36	55	18
48	58	24

 Weiterbildung über die Arbeitsagentur verlängert die Arbeitslosenzeit!

Während meiner Arbeitslosigkeit stand ich dem allgemeinen Arbeitsmarkt zur Verfügung. Ich konnte meinen persönlichen Sachbearbeiter davon überzeugen, dass ich zum Wiedereinstieg in das Berufsleben noch ein paar wichtige Weiterbildungen benötigte.

Ich wurde einer Kollegin zugeteilt, die ausschließlich für Weiterbildungsangelegenheiten zuständig war. So kam ich zunächst aus der direkten Schusslinie der Arbeitsmarktvermittlung! Wir legten gemeinsam fest, in welche Richtung meine Weiterbildungsphase gehen sollte und vereinbarten einen Schulungsplan, den die Arbeitsagentur finanzierte. Die Genehmigung erfolgte prompt.

Arbeitslose in Weiterbildung zählen nicht zur Arbeitslosenstatistik!

Die Arbeitsagenturen sind bei Weiterbildungen sehr motiviert! Ein Grund liegt darin, dass ein Arbeitsloser bei Nutzung von Weiterbildungsangeboten für diese Zeit aus der Arbeitslosenstatistik fällt!

 Finanzielle Vorteile der Weiterbildung

Die Nutzung von Weiterbildungen über die Arbeitsagentur hat folgende Vorzüge, die sich auch finanziell auswirken:

---

[25] Vgl. ARBEITSLOSEN SELBSTHILFE.ORG, 2023

- Während der Weiterbildung wird das volle ALG I bezahlt.
- Die Kurse sind für den Teilnehmer kostenlos.
- Bei Präsenzkursen werden auch die Fahrtkosten erstattet.
- Für **zwei Tage** Weiterbildung bekommt der Arbeitslose **einen Tag** Arbeitslosenzeit gutgeschrieben.
- Absolviert man Kurse in den letzten **30 Anspruchstagen** der Arbeitslosigkeit, so wird für **jeden Tag** Weiterbildung auch ein **kompletter Tag** Arbeitslosenzeit gutgeschrieben.
- Die verlängerte Weiterbildungsphase sorgt für weitere Rentenpunkte und Krankenversicherungsbeiträge.

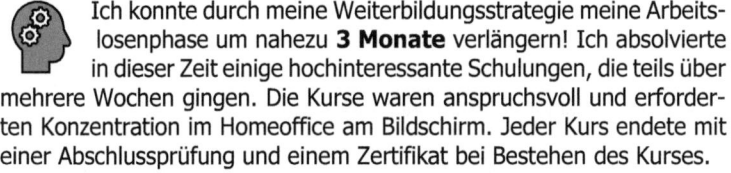 Ich konnte durch meine Weiterbildungsstrategie meine Arbeitslosenphase um nahezu **3 Monate** verlängern! Ich absolvierte in dieser Zeit einige hochinteressante Schulungen, die teils über mehrere Wochen gingen. Die Kurse waren anspruchsvoll und erforderten Konzentration im Homeoffice am Bildschirm. Jeder Kurs endete mit einer Abschlussprüfung und einem Zertifikat bei Bestehen des Kurses.

Wählen Sie das passende Weiterbildungsunternehmen!

Sie dürfen allerdings nur Institute wählen, die mit der Arbeitsagentur einen **Abrechnungsvertrag** besitzen.

Ich absolvierte während meiner Weiterbildungszeit mehrere Kurse beim Institut **Alphatraining** (https://www.alfatraining.de), das **Präsenztraining** in ganz Deutschland, aber auch **Online-Kurse** im Homeoffice anbietet und ein breites Bildungsangebot aufweist. Die Kurse machte ich bequem von zu Hause aus.

 Die Höhe des ALG I-Anspruchs[26]

Die Höhe des Arbeitslosengelds ist in § 149 SGB III geregelt:

"Das Arbeitslosengeld beträgt

1. *Für Arbeitslose, die mindestens ein Kind im Sinne des § 32 Abs. 1, 3 bis 5 des Einkommensteuergesetzes haben, sowie für Arbeitslose, deren Ehegattin, Ehegatte, Lebenspartnerin oder*

---

[26] Vgl. Nippel, 2023

Lebenspartner mindestens ein Kind im Sinne des § 32 Abs. 1, 3 bis 5 des Einkommensteuergesetzes hat, wenn beide Ehegatten oder Lebenspartner unbeschränkt einkommensteuerpflichtig sind und nicht dauernd getrennt leben, 67 Prozent (erhöhter Leistungssatz),

2. *Für die übrigen Arbeitslosen 60 Prozent (allgemeiner Leistungssatz) des pauschalierten Nettoentgelts (Leistungsentgelt), das sich aus dem Bruttoentgelt ergibt, das die oder der Arbeitslose im Bemessungszeitraum erzielt hat (Bemessungsentgelt)."*

Der Bemessungszeitraum umfasst die letzten **12 Monate** vor der Antragstellung von ALG I.

Für eine genaue Berechnung verwenden Sie die Links zu den beiden ALG I-Rechnern, die ich in Kapitel *"Station 4 Beruflicher Ausstieg per Abfindungsvertrag"* bereits vorstellte.

Auch mit Stiefkindern erhöht sich das ALG I!

 Bei meiner Kalkulation des ALG I konnte ich, nachdem meine eigenen Kinder bereits ihre Ausbildung beendet hatten und im Berufsleben steckten, leider nicht mehr als Zählkinder angeben.

Da meine Frau und ich eine Patchwork-Ehe führen, konnte ich glücklicherweise den jüngsten Sohn meiner Frau angeben, der sich zu diesem Zeitpunkt noch in Ausbildung befand. Ich hatte somit Anspruch auf 67 % meines durchschnittlichen Bruttogehalts.

ALG I und Altersrente

Nachdem die Arbeitsagentur mit dem ALG I auch Sozialbeiträge für Krankenkasse und Rentenversicherung bezahlt, sind in dieser Phase auch Rentenpunktgewinne möglich. Wie sich dieser Rentenpunktgewinn auf Ihre spätere vorgezogene Altersrente auswirkt und welche Rentenhöhe brutto und netto zu erwarten ist, erfahren Sie im Kapitel *"Vorgezogene Altersrente"*!

Arbeitslosigkeit und Urlaub

Die Arbeitsagentur tritt an dieser Stelle wie ein Arbeitgeber auf. Auch bei Arbeitslosigkeit gibt es Lohnfortzahlung im Krankheitsfall und eben auch einen Anspruch auf Urlaubstage im Jahr. Dieser ist jedoch geringer als bei einer sozialversicherungspflichtigen Anstellung.

<u>Urlaubsanspruch während der Arbeitslosigkeit</u>[27]

Prinzipiell dürfen Arbeitslose nur mit Zustimmung der Arbeitsagentur in Urlaub fahren. Innerhalb eines Jahres dürfen ALG I-Empfänger maximal für **sechs Wochen** am Stück nicht erreichbar sein. ALG I wird jedoch nur für maximal **drei Wochen** am Stück ausbezahlt. Bei Überschreitung der Ortsabwesenheit von drei Wochen werden für den restlichen Zeitraum keine Leistungen mehr gezahlt. Dauert der Urlaub mehr als sechs Wochen, so besteht sofort ab dem ersten Tag kein Anspruch auf ALG I mehr!

<u>Rückmeldepflicht nach dem Urlaub:</u>

Nach dem Urlaub müssen Sie sich unverzüglich bei der Arbeitsagentur **aktiv** zurückmelden. Kommen sie dieser Pflicht nicht nach, drohen Kürzungen in Form einer Sperrzeit. Waren sie länger als sechs Wochen nicht erreichbar, müssen sie sich nach Ihrer Wiederkehr **erneut arbeitslos** melden. Tun sie dies nicht, verwirken sie ihren Anspruch auf weiteres ALG I.

Fahren Arbeitslose ohne Zustimmung der Arbeitsagentur in Urlaub droht die Rückzahlung bereits gezahlter ALG-Leistungen!

Das Thema Bewerbungsaufforderung

Die Arbeitsagentur hat in erster Linie das Interesse, einen Arbeitslosen wieder in den allgemeinen Arbeitsmarkt zu bringen. Sie wird im Laufe der Zeit dazu auffordern, sich auf bestimmte Stellenangebote zu bewerben.

Man sollte sich in diesem Fall immer aufgeschlossen verhalten. Ist man an einer Bewerbung durchaus interessiert, so sind ein professionelles Anschreiben, ein aktueller Lebenslauf und relevante Ausbildungsnachweise wichtig.

Eine Bewerbung kann ins Leere gehen, wenn Sie in Ihrem Lebenslauf und Anschreiben wahrheitsgemäß angeben, dass Sie Ihren letzten Job

---

[27] Vgl. Bundesagentur für Arbeit, Urlaub bei Arbeitslosigkeit, 2023

aus Gesundheitsgründen beendeten. Kein Arbeitgeber bindet trotz Fachkräftemangels einen Mit- bis Endfünfziger an sich, der nur noch wenige Arbeitsjahre vor sich hat und darüber hinaus auch noch gesundheitliche Probleme hat. Da ist die junge Generation prädestinierter und kann preiswerter akquiriert werden.

 Ich hatte in den 21 Monaten meiner Arbeitslosigkeit bedingt auch durch meine langen Weiterbildungsphasen maximal fünf Aufforderungen zu Bewerbungen, die alle im Sand verliefen.

Ich bewarb mich offiziell über die Seite der Arbeitsagentur und hatte somit den Nachweis meiner Bewerbungsbemühungen im System dokumentiert. Einladungen zu Bewerbungsgesprächen erhielt ich jedenfalls nie.

Vorgezogene Auszahlung der betrieblichen Altersvorsorge

Eine gezielte Altersvorsorge ist gerade für die jüngere Generation ein wichtiger Baustein der Lebensplanung. Wer keine weiterführende Strategie zur Altersplanung entwickelt, der wird mit der gesetzlichen Rente alleine Besitzstandsverlust in Kauf nehmen müssen.

Wichtige Bausteine der Altersvorsorge

Es gibt für Arbeitnehmer eine Vielzahl von Bausteinen für die Altersabsicherung.

Wichtige Komponenten zur Altersvorsorge:

a. Gesetzliche Rentenversicherung

b. Betriebliche Altersvorsorge
   - Betriebsrente
   - Direktversicherung (z. B. als Kapital-Lebensversicherung)
   - Betriebliche Ansparprogramme für das Alter, bei denen Gehaltsbestandteile einfließen:
     - Rürup-Versicherung
     - Riester-Rente

c. Private Altersvorsorge:
   - Private Lebensversicherung

d. Aufbau von Sondervermögen:
   - Aktienvermögen (ETFs, Dividendenstrategie als Zweiteinkommen)
   - Selbst genutzte Immobilie (Mietfreiheit im Alter!)
   - Erbe (wird immer wichtiger für die Generation ab "Babyboomer"!)
U. v. a. m.

Jeder ältere Arbeitnehmer sollte sich für **einen** oder **mehrere** Bausteine entschieden haben.

Diese Bausteine werden im Allgemeinen bereits zu Beginn des Berufslebens abgeschlossen. Ziel ist es, in jungen Jahren Steuern und Sozialabgaben durch das Umschichten von Gehaltsbestandteilen in ein Altersvorsorgeprogramm zu sparen. In vielen Fällen erhalten Arbeitnehmer mit niedrigerem Einkommen auch noch staatliche Förderanreize wie bei Riester-Verträgen. Bei der Rürup-Rente gibt es keine staatliche Förderung. Sie ist für Selbstständige und Besserverdiener gedacht.

Frühester Auszahlungstermin:

Die betriebliche und die gesetzliche Altersversorgung werden im Regelfall mit **Eintritt in die gesetzliche Altersrente** unter Nachweis des Rentenantrags ausbezahlt. Dies gilt im Prinzip für alle oben genannten Versicherungsarten. Der früheste Zeitpunkt ist das vollendete 63. Lebensjahr mit vorgezogener Altersrente.

Bei den verschiedenen Leistungsträgern sind jedoch auch unterschiedliche Auszahlungszeiten in Abhängigkeit des Zeitpunkts des Vertragsabschlusses möglich. Manche Versicherungen lassen bereits das vollendete **60. Lebensjahr** zu (besonders bei Altverträgen **vor 2012!**). Bei Verträgen **ab 2012** erfolgt die Auszahlung erst ab **62 Jahren**.

Auszahlungsarten:[28]

Die Auszahlungsform ist in jedem Vertrag unterschiedlich geregelt. Oftmals besteht das Kapitalwahlrecht, d. h., man kann das Kapital in einer Summe oder festgelegten Raten abrufen.

Es gibt folgende Optionen:

➢ Monatliche, lebenslange Rente

➢ Einmalige Auszahlung

➢ Auszahlung in Raten

➢ Mischform

Welche Auszahlungsform die Optimale ist, kann nur eine Einzelfallbetrachtung bringen.

Die Realität holt einen im Alter ein, wenn die Auszahlungsphase beginnt.

---

[28] Vgl. CLARK, Wie wird die Auszahlung aus der bAV steuerlich behandelt? 2023

In der Auszahlungsphase melden sich der Fiskus und vor allem die Krankenkasse zurück!

Bei gleichzeitiger Auszahlung mehrerer Altersvorsorgeprogramme kann es vorkommen, dass viele **Einzelauszahlungen** zu einem hohen Jahreseinkommen führen. Die ausgezahlten Beträge werden dann steuerlich wie ein Gesamteinkommen behandelt.

Legen Sie Ihre Auszahlungszeitpunkte so, dass die Programme gestaffelt über mehrere Jahre verteilt ausbezahlt werden, um die Einnahmesituation in den jeweiligen Steuerjahren minimal zu halten!

Einige Leistungsträger bieten Auszahlungsraten über **10 bis 20 Jahre** verteilt an. Das kann steuerlich von Vorteil sein.

Um das Thema näher zu beleuchten, gehe ich im Folgenden auf die **steuerlichen** und **krankenversicherungsrelevanten** Bausteine der betrieblichen und privaten Altersvorsorge ein!

Die Auszahlungssumme und der Fiskus!

Da die gesetzliche Rente wesentlich geringer ausfällt als die Bezüge während der Arbeitsphase, fallen die Steuersätze auch wesentlich geringer aus. Das ist auch die Steuerstrategie der Altersvorsorge, bei der Gehaltsbestandteile frühzeitig in eine Versicherung einfließen. In diesen Fällen werden die Gehaltsbestandteile bei Einzahlung nicht versteuert und bei der Auszahlung im Rentenalter zu einem wesentlich geringeren Steuersatz des Rentners **nachversteuert**.

An dieser Stelle ist es wichtig, **wann** ein Vertragsabschluss erfolgte!

Bei sogenannten **Altverträgen** (Vertragsabschluss vor 31.12.2004) erfolgt **keine** Nachversteuerung. Voraussetzung ist, dass diese Verträge eine **Laufzeit** von **mindestens 12 Jahren** haben, ein **Mindesttodesfallschutz** vereinbart wurde und **mindestens fünf Jahre Beiträge** bezahlt wurden. Es sind allerdings Krankenkassenbeiträge nachzuzahlen (Siehe *"Die Auszahlungssumme und die Krankenkasse"!*).

Bei Verträgen **ab 2005** erfolgt eine Nachversteuerung **in voller Höhe** bereits bei der Auszahlung durch den Leistungsträger. Krankenkassenbeiträge fallen zusätzlich an.

Die Nachversteuerung ist im **Alterseinkünftegesetz** geregelt![29]

Bei der Versteuerung der Auszahlungsbeträge werden folgende **Steuerarten** fällig:

Einkommensteuer

Der ausgezahlte Betrag wird wie reguläres Einkommen versteuert. Da es sich bei einer **einmaligen Kapitalauszahlung** aus steuerlicher Sicht um einen **mehrjährigen Bezug** handelt, kann dieser Betrag nach der **Fünftel-Regelung** versteuert werden. (Siehe auch Kapitel *"Station 4 Beruflicher Ausstieg per Abfindungsvertrag"*!)

Die Fünftel-Regelung kann nur bei den Durchführungswegen des Arbeitgebers über eine **Unterstützungskasse** oder **Direktzusage** angewandt werden:

➢ Unterstützungskasse:
"rechtlich selbstständige Versorgungseinrichtung, die betriebliche Altersversorgung ohne Rechtsanspruch auf ihre Leistungen gewährt. Der Arbeitgeber bleibt gegenüber seinem Arbeitnehmer zur Leistung verpflichtet und bedient sich zur Erfüllung seiner Versorgungsverpflichtungen der Unterstützungskasse..."

➢ Direktzusage:
"...Direktzusage liegt vor, wenn sich der Arbeitgeber verpflichtet, dem Arbeitnehmer eine Alters-, Invaliditäts- oder Hinterbliebenenversorgung aus eigenen, erst im Zeitpunkt der Zahlung bereitzustellenden Mitteln zu erbringen."[30]

Ratenzahlungen werden dagegen im Steuerjahr **voll** steuerlich angesetzt.

Kapitalertragssteuer:

Kapitalerträge fallen an, wenn über eine Geldanlage **Gewinne** erzielt werden. Diese Gewinne bilden die Differenz aus Auszahlungs- und

---

[29] Vgl. Focus.de, Lebensversicherung fällig? So kassieren Sie bei der Auszahlung am meisten, 2023

[30] Vgl. Haufe.de, bAV: Unterstützungskasse und Direkt-/Pensionszusage / Sozialversicherung, 2023

Einzahlungsbetrag und unterliegen der sogenannten Kapitalertragsteuer i. H. v. **25 %** des Gewinns zzgl. Kirchensteuer.

Bei Verträgen **ab 2006** gilt die **Halbeinkünfteregelung**:

Weisen die Verträge eine **Mindestlaufzeit von 12 Jahren** auf und wird erst **ab 60** ausgezahlt (bzw. ab 62 bei Vertragsabschluss ab 2012), dann wird auf den Gewinn nur die **halbe** Kapitalertragsteuer angesetzt!

Die Versicherung führt zunächst die Kapitalertragssteuer auf den **vollen Gewinn** ab. Der Versicherte muss sich die zu viel gezahlte Steuer dann über seine **Einkommensteuererklärung** selbst zurückholen!

 Auch eine **vorzeitige** Auszahlung als Einmalzahlung kann mitunter Sinn ergeben!

Es gibt Altersvorsorgeprogramme, bei denen der Auszahlungszeitpunkt nicht **ab Renteneintritt** erfolgen muss, sondern **früher** möglich ist, beispielsweise bereits ab 60 Jahren.

Experten raten prinzipiell davon ab, dass Versicherungsverträge und Altersvorsorgeprogramme vorzeitig ausgezahlt werden sollten. Wenn eine vorzeitige Auszahlung möglich sein sollte, dann ist diese mit hoher Wahrscheinlichkeit mit finanziellen Nachteilen verbunden.

Es kann in Einzelfällen Sinn ergeben, eine Kapitalauszahlung vorzuziehen. Der ausbezahlte Betrag lässt sich beispielsweise besser verzinst anlegen. Man kann teure Kredite bedienen oder Steuerjahre mit niedrigen Einkommensverhältnissen nutzen, um Steuern bei der Auszahlung zu vermeiden (z. B. Ein Steuerjahr der Arbeitslosigkeit vor der Rente!).

Ein weiterer Vorteil für Familien bzw. Nacherben besteht darin, dass bestimmte betriebliche Altersvorsorgeprogramme zwar eine lebenslange Rente auszahlen. Das eingezahlte Kapital ist jedoch nach dem Tod des Versicherten verloren, da es **nicht vererbbar** ist.

Gehen Sie bei der **Versteuerung** in der Auszahlungsphase deshalb strategisch vor!

 Ein halbes Jahr vor meinem 60. Geburtstag beschäftigte ich mich noch einmal intensiver mit dem betrieblichen Altersvorsorgeprogramm in meiner damaligen Firma, welches ich bereits kurz nach Beginn meiner Betriebszugehörigkeit abgeschlossen hatte.

Ich erfuhr, dass dieses Programm für **Altverträge** (Vertragsabschluss **vor 2012**) es zuließ, dass die angesparte Summe bereits ab Vollendung des **60. Lebensjahres** ausbezahlt werden könne. Das betriebliche Ansparprogramm, in das ich auch einen **Teil meiner Abfindung** investierte, hatte einen hohen Sparbetrag, allerdings eine für meinen Geschmack zu geringe Verzinsung.

Ich befand mich kurz vor dem 60. Geburtstag noch in der zweiten Arbeitslosenphase (Siehe Kapitel *"Station 9 Zweite Arbeitslosenphase"*). In diesem Steuerjahr hatte ich **lediglich ALG I** und **keine weiteren Bezüge**. Da diese Bezüge steuerfreie Lohnersatzleistungen sind, war es naheliegend zu überlegen, mein betriebliches Altersprogramm im Steuerjahr meines 60. Geburtstags zumindest teilweise aufzulösen. Das Programm bot mir an, 50 % der Summe sofort und die restlichen 50 % in Raten über 10 bis 20 Jahre zu verteilen.

Ich entschied mich für die Variante *"100 % Auszahlung im Folgejahr nach der Arbeitslosigkeit"*. Diese Auszahlung wird wie **mehrjähriges Einkommen** behandelt, das nach der **Fünftel-Regelung** versteuert wird, und zwar in einem Jahr ohne Lohnersatzleistungen, die progressionserhöhend wirken!

Klären Sie mit Ihrem Versicherungsträger und dem Steuerberater, unter welchen Bedingungen auch eine vorzeitige Auszahlung Sinn ergeben kann!

Die Auszahlungssumme und die Krankenkasse!

Die gesetzliche Krankenkasse (GKV) will einen Teil des Kuchens abhaben! Hier sind die Privatversicherten im Vorteil, da seitens der privaten Krankenversicherung (PKV) **keine Beiträge** nachträglich eingefordert werden.

Da während Ihrer aktiven Phase Gehaltsbestandteile **ohne** Versteuerung und Krankenkassenbeiträge in das Altersvorsorgeprogramm einflossen, möchte die GKV bei der Auszahlung der Ansparsumme im Alter ihren Anteil zurückerhalten.

Die Auszahlung kann wie bereits erwähnt als **monatliche Rente** oder als **Einmalbetrag** erfolgen.

1. Auszahlung als monatliche Rente

Für alle regelmäßigen Zahlungen wie beispielsweise Betriebsrenten gilt ab **2023** ein Freibetrag von **169,75 Euro** pro Monat, auf den keine **Krankenversicherungsbeiträge (KV)** gezahlt werden müssen.

Erst auf darüberhinausgehende Betriebsrenten müssen dann Beiträge gezahlt werden, und zwar nur über den hinausgehenden **Differenzbetrag** der Rente.

Bei der **Pflegeversicherung (PV)** gilt, dass ab einer Rentenhöhe über 169,75 Euro der Pflegeversicherungssatz von 3,05 bzw. 3,4 Prozent für kinderlose Rentner für die **komplette Rente** berechnet wird.[31]

Der Versicherte übernimmt den vollen Krankenkassenbeitrag!

Im Gegensatz zur **gesetzlichen Rente**, bei der die Rentenversicherung **die Hälfte** der Krankenkassenbeiträge übernimmt, müssen bei der Auszahlung von Altersvorsorgeprogrammen die **vollen Beiträge** zur Krankenversicherung (z. B. 16 %) vom Versicherten selbst getragen werden!

Beispiel für Rentner (mit Kindern):

Monatliche Rente:	500,00 Euro
Freibetrag:	169,75 Euro
Differenzbetrag:	330,25 Euro
KV-Beitrag (z. B. 16 %): = 0,16 * 330,25 Euro =	**52,84 Euro**
PV-Beitrag (3,05 % auf komplette Rente):	
= 0,0305 * 500 Euro =	**15,25 Euro**
Monatl. KV-/PV-Beitrag: = 20,84 Euro + 9,15 Euro =	**131,59 Euro**

2. Einmalige Kapitalauszahlung oder Jahresraten[32]

Bei einer einmaligen Kapitalauszahlung oder bei größeren Jahresraten gilt die sogenannte **Zehn-Jahresfrist**. Als Berechnungsgrundlage wird

---

[31] Vgl. Stiftung Warentest, Das müssen Betriebsrentner an die Krankenkasse zahlen, 2023

[32] Vgl. Haufe.de, Kapitalabfindung und Kapitalleistung / 3.1.1 10-Jahresfrist, 2023

der ausgezahlte Betrag auf 120 Monate umgelegt. Der KV- und der PV-Beitrag werden monatlich für diese fiktive Rente fällig.

<u>Beispiel für Rentner (mit Kindern):</u>

Einmalige Kapitalauszahlung:		100.000 Euro
Fiktiver Monatsbeitrag:	$= 1/120 * 100.000$ Euro =	833,33 Euro
Freibetrag:		169,75 Euro
Differenzbetrag:	$= 833,33$ Euro $- 169,75$ Euro =	663,58 Euro
KV-Beitrag (z. B. 16 %):	$= 0,16 * 663,58$ Euro =	**106,17 Euro**

PV-Beitrag (3,05 % auf kompletten fiktiven Monatsbeitrag):

$$= 0,0305 * 833,33 \text{ Euro} = \quad \textbf{25,42 Euro}$$

Monatl. KV-/PV-Beitrag: = 106,17 Euro + 25,42 Euro **= 131,59 Euro**

Es sind somit **120 Monate** (= 10 Jahre) lang jeden Monat 131,59 Euro an die Krankenkasse zu überweisen. Das ergibt eine Gesamtsumme von **15.791 Euro**.

Eine stolze Summe, wie ich finde!

<u>Ausnahme:</u>

Zahlt der Versicherte nach dem Ende eines Arbeitsverhältnisses **privat** in ein Altersvorsorgeprogramm weiter ein, so sind diese privaten Einzahlungen von der **Steuer** und von **der Krankenversicherung** freigestellt!

<u>Wie steht es mit sonstigen Sozialversicherungsbeiträgen?</u>

Ein schwacher Trost ist es, dass wenigstens nicht auch noch Arbeitslosen- und Rentenversicherungsbeiträge bei einer Auszahlung der Altersvorsorge **vor** dem Renteneintrittsalter anfallen!

Wie bereits in Kapitel "Was sollte im Aufhebungsvertrag stehen?" beschrieben, ist es überlegenswert, ob es rentabel ist, einen Teil der Abfindungssumme in einen bereits bestehenden bAV-Vertrag noch einzuzahlen. Dieser Vertrag sollte auf jeden Fall vor 2009 abgeschlossen worden sein, damit die Summe auch vorzeitig, d.h. mit 60 Jahren ausbezahlt werden kann.

Problemstellung:

Die Abfindung ist im eigentlichen Sinne "kein Gehaltsbestandteil" mehr, sondern stellt eine mehrjährige Entschädigungsleistung für den aufgegebenen Arbeitsplatz dar. Die Abfindung wird also nach der Fünftel-Regelung versteuert. Es fallen keine Beiträge für die Kranken- und Pflegeversicherung an.

Wird nun ein Teil der Abfindungssumme in die bAV eingezahlt, so wird auch dieser Anteil behandelt wie umgewandeltes Arbeitsentgelt. Hierauf fallen sowohl Steuern als auch Beiträge für KV und PV an.

Das mag unlogisch klingen, ist aber leider so!

Unter Umständen kann sich das dennoch finanziell lohnen, wie nachfolgende Beispielrechnung zeigt.

Beispiel:

Arbeitnehmer A hat einen bAV-Vertrag in seiner Firma vor 2009 abgeschlossen. Das Guthaben zum Zeitpunkt des Austritts beträgt 25.000., die durchschnittliche Rendite beträgt 2,5%.

A erhält 200.000.- Abfindung und möchte einen Teil seiner Abfindung noch in die bAV einzahlen. A ist ledig und nicht in der Kirche.

Die Auszahlung der Abfindung erfolgt ab dem 60.Geburtstag in einem Jahr, in dem er keine anderen Jahresbezüge hat.

Die KV- und PV-Beiträge, die auf die bAV fällig werden, sind der Einfachheit halber mit rund 20% angesetzt.

Die Werte wurden mit dem Abfindungsrechner (https://www.smart-rechner.de/abfindung) ermittelt, wobei die Abfindungssumme und die Auszahlung der bAV-Summe mehrjährige Einnahmen darstellen und beide nach der Fünftel-Regelung besteuert werden können.

Restab-findung	Steuer auf Ab-findung	bAV-Betrag + Anteil Abfin-dung	Steuer auf bAV	KK+PV-Beitrag auf bAV	Ren-dite bAV	Gesamt-belastung	Erspar-nis
200.000	-41.293	25.000	0	-5.000	625	-45.668	0
190.000	-37.832	35.000	0	-7.000	875	-43.957	1.711
180.000	-34.451	45.000	0	-9.000	1.125	-42.326	3.342
170.000	-30.951	55.000	-60	-11.000	1.375	-40.636	5.032
160.000	-27.538	65.000	-1.675	-13.000	1.625	-40.558	5.080
150.000	-24.209	75.000	-3.680	-15.000	1.875	-41.014	4.650
140.000	-20.964	85.000	-6.040	-17.000	2.125	-41.979	2.078
130.000	-17.808	95.000	-8.515	-19.000	2.375	-42.948	1.009

In der ersten Zeile ist das Basisszenario abgebildet, das kein Einzahlen von Abfindungsteilen in die bAV vorsieht.

Grau hinterlegt ist das optimale Szenario, das in diesem Fall eine Einzahlung von 40.000.- vorsieht.

Man bemerkt, dass sich trotz der hohen Beiträge für KV und PV auf die Auszahlungssumme der bAV dennoch insgesamt ein finanzieller Vorteil durch die Einzahlung von Abfindungsbestandteilen und die vorzeitige Auszahlung vor dem Renteneintritt ergeben kann. Inwieweit die Gesamtrendite lukrativ ist, muss jeder für sich selbst beurteilen.

Das optimale Szenario ist somit individuell aus den oben aufgeführten Rechengrößen zu ermitteln!

Der Grund liegt in **der doppelten Anwendung der Fünftel-Regelung** auf Abfindungssumme und bAV in Phasen **ohne weiteres Einkommen!**

Die Summe der zu zahlenden Krankenkassenbeiträge wird über einen **Zeitraum von 10 Jahren** verteilt. Die somit entstehenden 120 Teilbeträge werden monatlich abgebucht.

 Die Summe der Krankenkassenbeiträge kann sich im Laufe der Jahre verändern!

Die Krankenkassenbeiträge können leider **nicht sofort** in einer Summe bezahlt werden. Erfolgt innerhalb der 10 Jahre eine Erhöhung des Krankenkassenbeitragssatzes, so wird auch die Summe entsprechend mit erhöht!

Sinnvolle Anlageformen

€ Abfindung und vorzeitige Auszahlung der betrieblichen Altersvorsorge bAV können hohe Barbestände erzeugen. Das Geld soll in erster Linie dazu dienen, die Phasen bis zur vorzeitigen Rente mit 63 zu überbrücken. Davon müssen Krankenkassenbeiträge und Lebenshaltungskosten bestritten werden.

Es wäre jedoch schade, eine hohe Summe nur auf dem Girokonto *"schlummern"* zu lassen.

Besser ist es, das Geld für Sie noch arbeiten zu lassen!

➢ Sofortmaßnahmen:

Die beste Möglichkeit, Geld sofort anzulegen, ist natürlich, Schulden zu tilgen bzw. ganz zurückzahlen! Gerade Dispokredite sind teuer und können Zinssätze bis zu 10 % erreichen.
Anders sieht es bei Hypothekendarlehen aus. Bei Altverträgen haben die Schuldner oft noch Kreditzinsen von 1 % oder sogar noch weniger. Hier macht eine Tilgung wenig Sinn. Bei hohen Kreditzinsen, d. h. bei neu abgeschlossenen bzw. umgeschuldeten Hypothekendarlehen empfehlen sich jährliche Sondertilgungen. Eventuell geht die Bank auch auf eine Erhöhung des Tilgungszinssatzes ein.

➢ Kurzfristige Anlageformen (bis zu 1 Jahr):

Da die Sparzinssätze allmählich wieder steigen, können Teilbeträge der Abfindung, die nicht benötigt werden, in folgende Anlagen wie Tagesgeld oder Sparanlagen bei Banken zu gesicherten Zinssätzen (meist 6 Monate bis 1 Jahr fest). In diesen Fällen sind bereits Zinssätze von 3 bis 4 % aktuell wieder erreichbar.

➢ Mittelfristige Anlageformen (1 bis mehrere Jahre):

Es empfiehlt sich eine Festgeldanlage!
Auf der Seite **www.weltsparen.de** gibt es ein Vergleichsportal verschiedener europäischer Banken. Es können aktuell Zinssätze bis zu 4,3 % mit 1 Jahr Laufzeit erreicht werden. Das Festgeld kann dann jährlich immer wieder neu angelegt werden.

➢ Längerfristige Anlageformen (mindestens 5 Jahre):

Die größte Rendite erhält man langfristig nur mit Aktien. Bei Qualitätsaktien wie Apple konnte man im langjährigen Durchschnitt bis zu 30 % pro Jahr an Wertsteigerung erreichen!

Persönliche Tipps zur Aktienanlage:

Die Mehrheit der Bundesbürger steht der Aktienanlage immer noch kritisch gegenüber. Krisen wie 2008, Corona und der russische Angriffskrieg erschütterten die Börsen gewaltig. Wenn man sich aber die Entwicklung der Aktienindizes wie S&P500, DAX und DOW Jones langfristig ansieht, erkennt man sofort, dass jedes Börsengewitter vorbeizieht und Kurse auch schnell wieder aufholen. Langfristig steigen Kurse von guten Aktien immer.

➢ Sie sollten Qualitätsaktien kaufen, die wenig schwanken, seit Jahren Dividenden zahlen und diese jährlich steigern!

➢ Warren Buffet (=US-Börsengenie, genannt "Das Orakel von Omaha" und Eigentümer von Berkshire Hathaway) rät zu Aktien, die einen "Burggraben" haben, d. h. Alleinstellungsmerkmale wie Amazon, Microsoft, etc.

➢ Verzichten Sie auf Hypes (z. B. Krypto, Cannabis, etc.)! Hier verdienen nur sogenannte "Gurus", die solche Produkte anpreisen.

➢ Meiden Sie Rohstoff-Aktien. Langfristig nivellieren sich die Preise für Rohstoffe nach Krisen wie Ölkrise, Energiekrise mit dem Weltmarktgeschehen.

Beispiel Energie- und Rohstoffaktien-Aktien:
Wenn die Weltwirtschaft schwächelt, fallen sowohl Energie- als auch Rohstoffpreise und passen sich der allgemeinen Nachfrage an. Bei Erstarken der Weltwirtschaft ist man mit anderen Aktien langfristig besser aufgehoben.

➢ Verlassen Sie sich nicht auf sogenannte Aktien-Experten, sondern auf Ihr Gefühl und sorgfältige Recherche (Dazu gehört u. a. auch das Lesen von Quartalsberichten, Finanznachrichten und Ereignissen im Weltgeschehen).

- Versuchen Sie, in fallenden Phasen Ruhe zu bewahren und evtl. sogar nachzukaufen!

- Kaufen Sie nach Dividendenausschüttungen Anteile nach (Zinseszinseffekt)!

- "Hin und Her macht die Taschen leer!" Ein wahrer Spruch. Wechseln Sie nicht zu oft die Pferde. Ein bis zwei Korrekturen pro Jahr sollten genügen!

- Kaufen Sie nie nur eine Aktie, sondern einen Strauß von mindestens 10-15 Aktien aus verschiedenen Branchen!

- Sie sollten in Ihrem Depot keinen Aktientitel überbewerten, d. h. je Aktienanteil nie mehr als 10 % des Depotgesamtwerts!

- Diversifizieren Sie auch nach Märkten (z. B. Deutschland, EU, USA)!

- Dies wird allerdings durch die internationale Verflechtung von Unternehmen zunehmend irrelevant (Paradebeispiel ist die ehemals rein deutsche Linde-Aktie, die in 2022 aus dem DAX ausgeschieden ist und nun durch Fusion mit einem US-Unternehmen im S&P500 gelistet ist)!

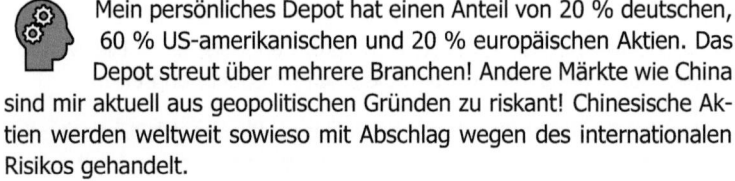 Mein persönliches Depot hat einen Anteil von 20 % deutschen, 60 % US-amerikanischen und 20 % europäischen Aktien. Das Depot streut über mehrere Branchen! Andere Märkte wie China sind mir aktuell aus geopolitischen Gründen zu riskant! Chinesische Aktien werden weltweit sowieso mit Abschlag wegen des internationalen Risikos gehandelt.

Vorzüge der 20/60/20-Aufteilung:

Deutsche defensive Aktien (z. B. Versicherungen, Automobilaktien) bieten weltweit die höchsten Dividenden bei niedrigen KGVs (Kurs-Gewinn-Verhältnis).

US-Qualitätsaktien (aus dem Nasdaq) haben keine bis geringe Dividendenausschüttungen, steigen jedoch stärker ("Growth-Werte"). Im S&P500 (Index, der die 500 größten US-Unternehmen nach Unternehmenswert zusammenfasst) sind auch *"Dividendenaristokraten"* dabei.

Europäische Aktien können das Portfolio z. B. durch Luxus- und Pharmawerte ergänzen.

Beispiel für ein diversifiziertes Portfolio:

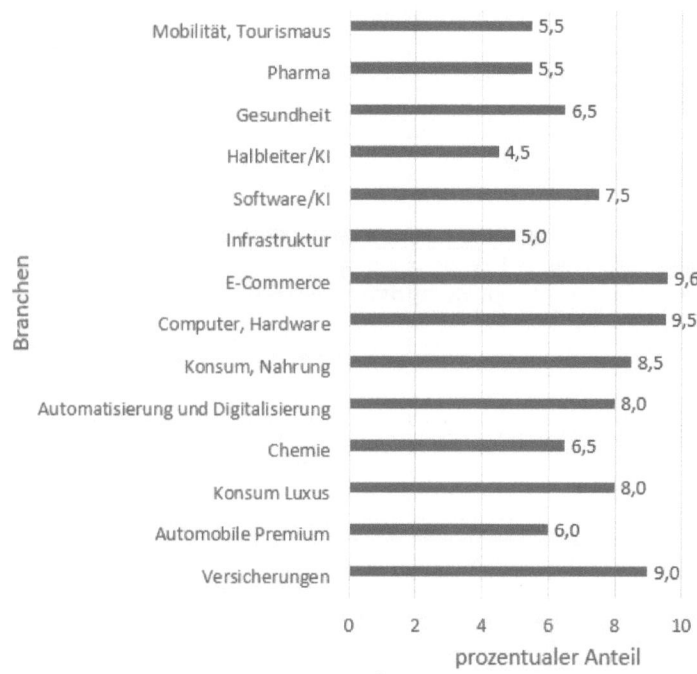

Als Ingenieur bin ich bei der Aktienauswahl technik-affin.

Warren Buffet, den ich in diesem Kapitel öfter zitiere, sagte einmal, er kaufe nur Titel, deren Geschäftsmodell er verstehe. Als Coca-Cola-Liebhaber war das eine seiner ersten Aktienanlagen, die er heute noch hält. Bankentitel habe ich bewusst nicht im Portfolio, da mir dieses Geschäftsmodell zu undurchsichtig und krisenanfällig ist.

➢ Langfristige Anlagen (mind. 10 Jahre):

Hier bieten sich defensive ETFs (**E**xchange-**T**raded **F**und) an, die über einen Sparplan mit monatlichen Raten bespart werden können.

Vorteile eines ETFs:

Ein ETF ist ein Strauß aus einer Vielzahl von Aktientiteln. Das bedeutet, dieser streut vielmehr und sorgt somit für mehr Diversifikation. Er steigt deshalb in guten Phasen nicht so schnell wie Einzelaktien, fällt in schlechten Phasen jedoch auch nicht so stark.

Ein Sparplan mit festen regelmäßigen Raten hat den Vorteil, dass in guten Phasen mit steigenden Kursen zwar weniger Anteile gekauft werden, jedoch in fallenden Phasen für die gleiche Rate mehr Anteile erworben werden.

Empfehlung:

Warren Buffet tätigte die Aussage, er würde seinen Enkeln von Anfang an nur einen ETF als langfristige Anlage empfehlen, und zwar einen ETF auf den US-Index **S&P500**.

Eine gute Seite zur ETF-Suche ist **Justetf** (https://www.justetf.com/de).

Das wäre auch meine persönliche Empfehlung für Langfristanlagen!

Zum Zeitpunkt der Fertigstellung meines Buches befinde ich mich **noch nicht** im Rentenalter. Ich werde mit Sicherheit die vorgezogene Altersrente mit 63 Jahren beantragen. Die Abzüge zur regulären Altersrente werde ich dabei in Kauf nehmen. Im Folgenden gehe ich auf die wichtigsten Aspekte zur vorgezogenen Altersrente ein!

Gesetzesänderung seit 01.01.2023!

Seit 01.01.2023 entfallen die Hinzuverdienstgrenzen bei Rentenempfängern. Das bedeutet, dass zur Altersrente unbegrenzt hinzuverdient werden kann, ohne Rentenabzüge hinnehmen zu müssen.

Hintergrund dieser Entscheidung:

Der Gesetzgeber trägt dem Umstand Rechnung, dass die Altersarmut in Deutschland zunimmt, und die Bereitschaft von Rentnern zwangsläufig steigt, etwas im Alter hinzuzuverdienen.

In diesem Zusammenhang recherchierte ich einen Artikel von Stiftung Warentest vom 21.06.2023, der zu einer interessanten Schlussfolgerung kam.[33]

Stiftung Warentest kommt zum Ergebnis, dass es besser sei, bereits mit 63 Jahren in den vorgezogenen Ruhestand einzutreten und die Rentenabschläge in Kauf zu nehmen.

Hier ergeben sich neue Möglichkeiten für Arbeitnehmer!

1. Wer den Berufsausstieg wagt und mit 63 in Rente gehen möchte, kann dann eine Nebenbeschäftigung ohne Kürzung der Rente antreten. Er kann sogar in seinem Hauptjob bis zum Erreichen der gesetzlichen Altersgrenze weiterarbeiten!

Gesetzlicher Hintergrund:
Wer früher in Rente geht, darf vom Arbeitgeber nicht gekündigt werden. Das wäre nach Ansicht des Rechtsexperten Frank Beyreuther

---

[33] Vgl. Stiftung Warentest, Rente mit 63 – jetzt unbegrenzt dazuverdienen, 2023

von der Uni Passau ein Verstoß gegen das Altersdiskriminierungsgesetz. Eine Kündigung wäre somit unzulässig.

Dies ist auch im europäischen Recht und im allgemeinen Gleichbehandlungsgesetz so geregelt!

Im Arbeitsrecht seien für eine Kündigung nur drei Gründe zulässig: eigene Kündigung, Aufhebungsvertrag oder Tod des Arbeitnehmers!

2. Wer bisher nicht die Möglichkeit hatte, per Aufhebungsvertrag früher aus dem Berufsleben auszusteigen, hat jetzt spätestens mit 63 Jahren die Möglichkeit, vom Arbeitgeber eine Abfindung für die Zeit bis zur Regelaltersgrenze auszuhandeln.

Will der Arbeitgeber eine Weiterbeschäftigung nach Renteneintritt mit 63 Jahren vermeiden, so muss er dem Arbeitnehmer einen Aufhebungsvertrag anbieten!

Ausblick auf die Arbeitswelt von morgen

 Ich habe eigene und Stiefkinder im Erwachsenenalter, die alle studiert haben. Zwei davon arbeiten heute in meiner ehemaligen Firma. Aber alle haben den Eindruck, dass es nicht wert sei, sich in der Karriereleiter zu verlieren, sondern lieber glücklich und mit eigener Familie eine Existenz aufzubauen.

Wir befinden uns aktuell in einer Umbruchphase. Die Generation der *"Millenials"* und der *"Generation Z"* denkt heute anders über Arbeit und Karriere als zu meiner Zeit als *"Babyboomer"*. Die Berufseinsteiger wollen mehr Eigenverantwortung im Job, aber weniger Karriere. Sie möchten ihren Job ganzheitlich ausüben und nicht mehr nur das *"Zahnrädchen"* im großen Getriebe sein.

Die Work-Life-Balance

Die heutigen Berufseinsteiger legen wieder mehr Wert auf den Einklang von Freizeit und Beruf. Der Beruf wird als finanzielle Quelle für Familie und Hobbys gesehen.

Dem tragen auch die Gewerkschaften zunehmend Rechnung. Das sieht man aktuell in der Diskussion der IG Metall nach einer 4-Tagewoche mit 32 h Arbeitszeit bei vollem Lohnausgleich. In jungen Familien arbeiten verstärkt beide Partner. Das ist auch der aktuellen Inflation geschuldet. "Man arbeitet heute, um zu leben und nicht mehr umgekehrt!"

Das entspricht den Wünschen und Vorstellung der jungen Generation, ist allerdings aktuell kontraproduktiv beim gegenwärtigen Fachkräftemangel. Die entfallene Arbeitszeit muss dann durch neue Arbeitsplätze kompensiert werden! An dieser Stelle ist Personalpolitik gefragt!

Kann der Mensch mit dem technischen Fortschritt noch mithalten?

Wir erleben seit dem Ende des 18. Jahrhunderts eine technische Fortschrittsgeschichte, die klar darlegt, dass industrielle Revolutionen in immer kürzeren Zeitabständen aufeinanderfolgen.

Die Geschichte der industriellen Revolutionen:[34]

Die Geschichte seit der ersten industriellen Revolution gegen Ende des 18. Jahrhunderts lehrt uns folgendes:

➢ Wissen und technischer Fortschritt nehmen exponentiell zu. Stand heute verdoppelt sich das Weltwissen innerhalb von 5-7 Jahren!

➢ Die Arbeitsprozesse um diesen technischen Fortschritt werden immer komplexer. Um Arbeitsprozesse zu bewältigen, ist ein hoher Spezialisierungsgrad bei den Mitarbeitern erforderlich. Der Mitarbeiter ist eines von vielen Zahnrädchen im Unternehmensgetriebe. Der Blick für das große Ganze geht verloren und ist nur noch Führungskräften und CEOs vorbehalten.

➢ Mit der Globalisierung kommt der Kampf um die internationale Wettbewerbsfähigkeit eines Unternehmens immer stärker zu tragen. Dies erhöht Projekt- und Kostendruck innerhalb eines Unternehmens, der auf alle Hierarchieebenen weitergegeben wird.

➢ Wissen und Information sind das Gold der Zukunft.

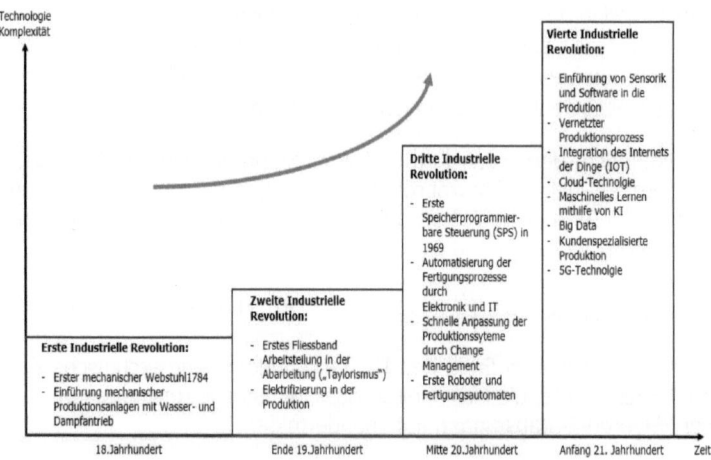

---

[34] Vgl. IBM, Was ist Industrie 4.0, 2023

Mit dieser Wachstumsgeschwindigkeit der technischen Entwicklungen und dem ständig erweiterten Wissensgewinn können gerade ältere Mitarbeiter nicht mehr so mithalten wie Berufseinsteiger, denen quasi das Handy bereits in die Wiege gelegt wurde!

<u>Der Weg hin zur Industrie 5.0 ist vorgezeichnet!</u>

In der technischen Entwicklung stehen wir gerade in der Umbruchphase von Industrie 3.0 auf Industrie 4.0.

Bereits heute werden in der Produktion vernetzte Maschinen eingesetzt. Bei meinem früheren Arbeitgeber hatten Produktionsmitarbeiter im Bereitschaftsdienst Handykontakt zu ihren Bearbeitungszentren und konnten Telediagnosen durchführen. Der Mensch wird zum Controller des Gesamtsystems, die Maschine übernimmt den Verarbeitungsprozess. Mit zunehmender Sensorik können Maschinen heute schon Produktionstätigkeiten übernehmen, die bisher nur dem Menschen vorbehalten waren (z. B. biegeelastische Teile wie Schläuche und Dichtungen im Fahrzeug verbauen).

Die automatisierten und vernetzten Entwicklungs- und Produktionsprozesse führen zwangsläufig dazu, dass Personalstrukturen ausgedünnt werden. Unzureichend ausgebildete Arbeitnehmer müssen somit weiterqualifiziert oder durch Mitarbeiter mit höherwertiger Qualifizierung ersetzt werden.

Aber auch in der Entwicklung, im Einkauf und im Personalwesen können heute bereits menschliche Tätigkeiten durch intelligente IT-Systeme ersetzt werden.

 In einem interessanten Seminar zum Thema Industrie 4.0, das ich als Weiterbildung während meiner Arbeitslosenzeit besuchen durfte, erläuterte der Seminarleiter, wie in modernen Großunternehmen Personalarbeit bereits heute schon abläuft.

<u>Beispiel zur Personalarbeit</u>

Im Bewerbungsverfahren setzen die Personalreferenten sogenannte **Bots** ein. Ein Bot ist analog zum Roboter ein sogenannter IT-Roboter, der eigenständig IT-Auswertungen durchführen kann.

Der Seminarleiter erklärte, dass diese Bots eigenständig den Vorauswahlprozess bis zu den besten drei Bewerbern durchführt. Der Bot *"scannt"* Bewerbungen nach Schlagwörtern, die mit den Anforderungen einer Stellenausschreibung *"matchen"* und wertet diese aus. Ein Personalreferent liest somit nicht mehr jede Bewerbung, sondern führt nur noch die finale Auswahl der besten drei Bewerber und das Personalgespräch durch.

Wenn wir einen Blick in die mittlere Zukunft werfen, dann können wir in der Industrie 5.0ff prognostizieren, dass KI (künstliche Intelligenz) immer stärker in Unternehmen Einzug halten und menschliche Arbeitsprozesse ersetzen wird.

Optimisten glauben, dass der Mensch dann noch eine **große Rolle** in der Personalisierung der Massenproduktion und in der Individualisierung der Produkte spielen wird. Auf individuelle Kundenanforderungen kann verstärkt durch den Menschen eingegangen werden. Die menschliche Kreativität steht dann im Vordergrund. In der Industrie 5.0 wirken somit menschliche Kreativität und mechanische Effizienz und Präzision zusammen. Maschinen werden zwar schneller und intelligenter, jedoch fehlt es ihnen auch in absehbarer Zeit noch an Intuition, Flexibilität und kritischem Problemlösungsdenken.[35]

 Mein damaliger Seminarleiter im Kurs zur Industrie 4.0 entwickelte damals eine **weitere Vision**!

Er sagte, mit Industrie 5.0ff könne der Mensch zunehmend aus dem Arbeitsleben **verdrängt** werden. Ein Unternehmen der Zukunft würde dann nur noch aus einem **CEO** (=Unternehmenslenker) und seiner **digitalen Fabrik** mit autonomen Entwicklungs- und Produktionsprozessen bestehen.

Aber wozu benötigt man dann den Menschen noch, wenn er nicht mehr arbeiten muss?

Auch hier hatte er eine Antwort parat!

Es müsse den Menschen ja als Konsumenten der hergestellten Produkte geben.

---

[35] Vgl. Kapitalmarkt, Industrie 4.0 im Mittelstand, 2020

Der Mensch hätte demnach die Chance, sich um eigene Interessen außerhalb der Arbeitswelt zu kümmern. Der Staat erhielte Steuern von den produzierenden Unternehmen und zusätzlich "Konsumsteuern". Der Mensch bekäme im Gegenzug vom Staat ein *"bedingungsloses Grundeinkommen BGE"*.

Dieses wird seit Jahren von Politikern sozialer und linker Arbeiterparteien diskutiert.

In der Schweiz gab es bereits 2016 eine erste Volksabstimmung zu diesem Thema, die allerdings von Bundesrat und Parlament abgelehnt wurde. Seit März 2023 läuft eine erneute Petition hierzu.

Auch Länder wie Österreich, Finnland, Namibia und vor allem Indien diskutieren aktuell über diese Form der Lebensabsicherung. Die Länder erkennen zunehmend, dass im digitalisierten Zeitalter bestimmte Berufsgruppen einfach obsolet werden, und besonders die ältere Generation mit der Entwicklung nicht mehr mithalten kann.

Aber wollen wir das wirklich?

Im Sinne des Zeitwohlstands wäre das eine interessante Vision!

Das BGE wäre zumindest die Voraussetzung dafür, dass Menschen außerhalb einer Berufsausübung mehr Zeit für Ehrenämter, Kindererziehung oder zur Pflege von Angehörigen zur Verfügung hätten und somit die Sozialträger entlasten könnten.[36]

"Es sind weder die Stärksten der Art, die überleben,

Noch die Intelligentesten, sondern die, die sich

Am besten auf Veränderung einstellen!"

(Charles Darwin, 1809-1882)

---

[36] Vgl. Finanz.at, Bedingungsloses Grundeinkommen (BGE) in Österreich, 2023

Über den Autor

Peter Baacke (Jahrgang 1963) absolvierte sein Maschinenbaustudium an der TU München. Er arbeitete fast 30 Jahre bei einem namhaften deutschen Automobilunternehmen, davon über 20 Jahre als Führungskraft.

Aufgrund seiner Burn-out-Erkrankung beschloss er den beruflichen Ausstieg in 2018 und definierte sich und seine Zukunft neu.

Heute lebt der Autor mit seiner Frau als Privatier in Oberösterreich und macht seine Hobbys Malen und Schreiben zum Beruf.

Index

Quellenverzeichnis

ANWALT.DE. Kündigungsfristen und die Bedeutung der Betriebszugehörigkeit, online: https://www.anwalt.de/rechtstipps/kuendigungsfristen-und-die-bedeutung-der-betriebszu-gehoerigkeit-206988.html, 08.01.2023.

ARBEITSLOSEN SELBSTHILFE.ORG. Arbeitslosengeld1 (ALG1): Dauer des Bezugs, online: https://www.arbeitslosenselbsthilfe.org/arbeitslosengeld-1-dauer, 16.01.2023.

Bundesagentur für Arbeit. Arbeitslosengeld: Anspruch, Höhe, Dauer, online: https://www.arbeitsagentur.de/arbeitslos-arbeit-finden/arbeitslosengeld/finanzielle-hil-fen/arbeitslosengeld-anspruch-hoehe-dauer, Abrufdatum: 14.01.2023.

Bundesagentur für Arbeit. Urlaub bei Arbeitslosigkeit: erst mitteilen, dann verreisen, online: https://www.arbeitsagentur.de/news/news-urlaub-bei-arbeitslosigkeit, Abrufdatum: 14.01.2023.

Bundesminsterium für Arbeit und Soziales. Altersteilzeit – Schrittweise in den Ruhestand, online: https://www.bmas.de/DE/Arbeit/Arbeitsrecht/Teilzeit-flexible-Arbeits-zeit/Teilzeit/altersteilzeit-artikel.html#Was%20ist%20Die%20Altersteilzeit?, 21.10.2021.

Calcuworld.com. Rechner/Finanzen/Entgeltpunkte/Zusätzliche Entgeltpunkte, online: https://de.calcuworld.com/finanzen/entgeltpunkte, Abrufdatum: 14.01.2023.

Clark. Wie wird die Auszahlung aus der bAV steuerlich behandelt, online: https://www.clark.de/betriebliche-altersvorsorge/auszahlung/#/payout-type, Abrufdatum: 22.07.2023

Der Privatier. Das Dispositionsjahr, online: https://der-privatier.com/kap-9-5-das-disposi-tionsjahr, 21.02.2022.

Der Privatier. Höhe der Abfindung, online: https://der-privatier.com/kap-2-2-hoehe-der-abfindung, 16.10.2021.

Deutsche Rentenversicherung. Altersrente nach 45 Jahren, online: https://www.deut-sche-rentenversicherung.de/DRV/DE/Rente/Allgemeine-Informationen/Rentenarten-und-Leistungen/Altersrente-fuer-langjaehrig-Versicherte/altersrente-fuer-langjaehrig-versi-cherte_node.html, Abrufdatum: 08.04.2023.

Deutsche Rentenversicherung. Rentenbeginn- und Rentenhöhenrechner, online: https://www.deutsche-rentenversicherung.de/SiteGlobals/Forms/RentenBeginnUndHoehen-Rechner/Rentenbeginn/rentenbeginnrechner_form.html, Abrufdatum: 14.01.2023.

Einfachrente (Aschauer Robert). Rente mit 63: Voraussetzungen, Abschläge & Tipps, online: https://www.einfach-rente.de/rente-mit-63, Abrufdatum: 08.04.2023.

Finanz.at. Bedingungsloses Grundeinkommen (BGE) in Österreich, online: https://www.fi-nanz.at/ratgeber/bedingungsloses-grundeinkommen/#Wie%20gestal-tet%20sich%20Das%20BGE%20in%20Der%20Praxis, Abrufdatum: 03.08.2023

Finanzen.de. Rürup-Rente, online: https://www.finanzen.de/altersvorsorge/ruerup-rente, Abrufdatum: 22.04.2023

Finanztip (Scharpenberg Jan). Rentenpunkte kaufen, online: https://www.finanztip.de/ge-setzliche-rentenversicherung/rentenpunkte-kaufen, 12.01.2023.

Focus.de. Lebensversicherung fällig? So kassieren Sie bei der Auszahlung am meisten, online: https://www.focus.de/finanzen/altersvorsorge/lebensversicherung-so-kassieren-sie-bei-der-auszahlung-am-meisten_id_13040892.html, Abrufdatum: 10.04.2023.

Fritz.tips. Lebensphasen des Menschen nach Lievegoed, online: https://www.fritz.tips/tag/phasen-des-lebens, 21.07.2020

Handelsblatt (Mendelson, Ben). So errechnen Sie 2022 mit Rentenpunkten die Höhe Ihrer gesetzlichen Rente, online: https://www.handelsblatt.com/politik/rentenpunkte-tabelle-so-errechnen-sie-2022-mit-rentenpunkten-die-hoehe-ihrer-gesetzlichen-rente/26969926.html, 06.04.2021.

Haufe.de. Kapitalabfindung und Kapitalleistung / 3.1.1 10-Jahresfrist, online: https://www.haufe.de/personal/haufe-personal-office-platin/kapitalabfindung-und-kapital-leistung-311-10-jahresfrist_idesk_PI42323_HI11942097.html, Abrufdatum: 10.04.2023.

Haufe.de, bAV: Unterstützungskasse und Direkt-/Pensionszusage / Sozialversicherung, online: https://www.haufe.de/personal/haufe-personal-office-platin/bav-unterstuetzungs-kasse-und-direkt-pensionszusage-sozialversicherung_idesk_PI42323_HI11385237.html, Abrufdatum: 22.07.2023

IBM. Was ist Industrie 4.0, online: https://www.ibm.com/de-de/topics/industry-4-0, Abrufdatum: 22.07.2023

Kapitalmarkt. Industrie 4.0 im Mittelstand, online: https://kapitalmarkt.blog/industrie-4-0-im-mittelstand-2, 08.04.2020

Lernen.net (Wilke Sarah). Multitasking: 6 Nachteile & 7 Tipps für fokussiertes Arbeiten, online: https://www.lernen.net/artikel/multitasking-18313, Abrufdatum: 08.04.2023.

Nippel, Sönke. Arbeitslosengeld – 60 % oder 67 %, online: https://rechtsanwalt-und-sozialrecht.de/arbeitslosengeld-60-67-prozent, 19.01.2023.

Petermann, Björn. Ruhens- und Sperrzeit beim Arbeitslosengeld, online: https://tp-rechtsanwaelte.de/sperrzeit-ruhenszeit-arbeitslosengeld, 01.02.2021.

Rentenbescheid24.de. Anrechnungszeiten der Rente, online: https://rentenbescheid24.de/anrechnungszeiten-der-rente, Abrufdatum: 14.12.2022.

Spiegel Wirtschaft. Jeder sechste Mitarbeiter hat keinen Bock, online: https://www.spiegel.de/wirtschaft/unternehmen/gallup-studie-17-prozent-der-arbeitnehmer-haben-innerlich-gekuendigt-a-961667.html, 31.03.2014

Stepstone. So gehst du mit der inneren Kündigung um, online: https://www.stepstone.at/Karriere-Bewerbungstipps/innere-kuendigung, 11.09.2018

Stiftung Warentest. Das müssen Betriebsrentner an die Krankenkasse zahlen, online: https://www.test.de/Betriebsrente-Entlastung-bei-Krankenkassenbeitraegen-fuer-Betriebs-renten-5147958-0, 01.01.2023.

Stiftung Warentest. Rente mit 63 – jetzt unbegrenzt dazuverdienen, online: https://www.test.de/Rente-mit-63-5197662-0, 21.06.2023

Transparent beraten. So wird Ihre Rente besteuert (Ratgeber 2023), online: https://www.transparent-beraten.de/rente/steuer/#Wie-sieht-die-Rentenbesteuerung-aus?, 01.02.2023.

Verbraucherzentrale. Krankenversicherung der Rentner: So versichern Sie sich im Ruhestand, online: https://www.verbraucherzentrale.de/wissen/gesundheit-pflege/krankenversicherung/krankenversicherung-der-rentner-so-versichern-sie-sich-im-ruhestand-13871, 10.02.2023.

Vereinigte Lohnsteuerhilfe e. V. So funktioniert die Fünftelregelung, online: https://www.vlh.de/arbeiten-pendeln/beruf/so-funktioniert-die-fuenftelregelung.html, 24.01.2023.

Von Rueden. Voraussetzungen und Regelungen für die Arbeit in Teilzeit, online: https://www.rueden.de/arbeitsrecht/arbeitszeit/teilzeit, Abrufdatum, 03.04.2023.2023.

WIKIPEDIA. Zeitwohlstand, online: https://de.wikipedia.org/wiki/Zeitwohlstand, Abrufdatum: 22.07.2023.

WISO Steuer. Altersvorsorgeaufwendungen von der Steuer absetzen, online: https://www.buhl.de/steuer/ratgeber/altersvorsorgeaufwendungen-absetzen, Abrufdatum: 08.04.2023.

Zuletzt erschienen (am 10.05.2023)

Dieses Buch soll all diejenigen ansprechen, die durch chronische Überforderung nicht weiter im Beruf bestehen können. Finanzielle Sorge ist der Hauptgrund, warum es viele Erkrankte wieder zurück ins Hamsterrad treibt, statt sich im Leben neu aufzustellen. Der Autor beschreibt, wie er nach eigenem Burn-out mit Mitte 50 den Berufsausstieg und privaten Neuanfang schaffte.

Dieser Wegweiser bildet seinen Erfahrungsschatz und fundierte aktuelle Rechercheergebnisse (Stand: 2023) zu folgenden ausstiegsrelevanten Themen ab:

- ➢ Berufsausstieg per Abfindung
- ➢ 156 Wochen Krankengeld – das geht!
- ➢ 29 Monate Arbeitslosenunterstützung – machbar!
- ➢ Strategie zur Erwerbsminderungsrente – nicht aufgeben!
- ➢ Leistungsbezug im EU-Ausland – möglich!
- ➢ Holen Sie sich als Geschiedene(r) Rentenpunkte zurück!
- ➢ Leistungsbezug und Nebentätigkeit
- ➢ Unterstützung durch den VdK – macht Sinn!
- ➢ Viele inhaltliche und steuerliche Tipps

Erhältlich bei **amazon.de** und **bod.de**